Ernst Commer

**Die immerwährende Philosophie**

Platon, Aristoteles, Augustinus, Thomas von Aquin

**editiones scholasticae**
Band 37

Ernst Commer

# Die immerwährende Philosophie

## Platon, Aristoteles, Augustinus, Thomas von Aquin

editiones scholasticae

**Bibliographic information published by Deutsche Nationalbibliothek**
The Deutsche Nationalbibliothek lists this publication in the Deutsche Nationalbibliographie; detailed bibliographic data is available in the Internet at http://dnb.ddb.de


Postfach 15 41, D-63133 Heusenstamm
www.editiones-scholasticae.de

ISBN 978-3-86838-542-7

2013



Printed on acid-free paper

Printed in Germany
by CPI buchbücher.de

# Vorwort.

Der ehrenvollen Aufforderung der Leo-Gesellschaft, einen Beitrag für ihre »Apologetischen Studien« zu liefern, glaubte ich am besten durch vorliegende Skizze entsprechen zu können. Eine auch nur einigermassen vollständige Behandlung des Gegenstandes hätte den hier zur Verfügung gestellten Raum zu weit überschreiten müssen. Es konnten daher nur Hauptmomente herausgehoben werden. Die geschichtliche Schilderung musste sich auf Umrisse beschränken, zu deren Zeichnung vieles aus Otto Willmanns »Geschichte des Idealismus« entlehnt ist. Ich habe mich bemüht, auch die Gedankenrichtungen, die in der Gegenwart vorherrschend sind, zum Ausdruck zu bringen und dazu die philosophische Literatur des letzten Jahrzehnts benutzt. Weil jedoch nur eine symptomatische Darstellung beabsichtigt war, so macht der beigegebene Literaturnachweis keinen Anspruch auf Vollständigkeit.

Breslau, 13. December 1897.

**Der Verfasser.**

# Inhaltsangabe.

## I.

### Der Bestand der immerwährenden Philosophie.



## II.

### Die Lehrer der immerwährenden Philosophie.



## III.

### Die christliche Philosophie.

I.

# Der Bestand der immerwährenden Philosophie.

## § 1. Die kämpfenden Mächte.

1. An dem heissen Geisteskampfe der Gegenwart ist die Philosophie ebenso betheiligt wie die Theologie. Wenn auch das Eingreifen der ersteren nicht so unmittelbar sichtbar ist wie die Wirksamkeit der religiösen Factoren, so sind es doch philosophische Ansichten und Weltanschauungen, wie man sie gerne zu nennen pflegt, welche alle wissenschaftlichen Richtungen beeinflussen und sie in ihrer Anwendung leiten. Die metaphysischen Anschauungen wirken immer und überall auf die Ausprägung der ethischen Ansichten ein,[1] und die ethischen Begriffe tragen wieder zum Werdegang der Rechtsordnung bei.

Unser Jahrhundert rühmt sich seiner Wissenschaft, die auf allen Gebieten das gesellschaftliche Leben der Menschheit neu zu gestalten trachtet: und seine Kinder nennen die Gegenwart schon triumphirend »das wissenschaftliche Zeitalter«. »Noch nie und zu keiner Zeit«, so sagt man, »hat die Menschheit von dem in der Vernunft liegenden Forschungstriebe in so ausgeprägter und allgemeiner Weise Gebrauch gemacht, wie

[1] Hello: Plateaux de la balance. Paris 1880, p. 2. Toujours et partout, ce sont les principes de la métaphysique la plus élevée qui gouvernent les masses les plus ignorantes de la métaphysique, non pas directement, il est vrai, mais indirectement. La vie privée des hommes dans ses plus humbles détails est la traduction de la métaphysique adoptée et cette vie privée est d'autant plus mauvaise que la métaphysique de l'erreur a plus longtemps et plus généralement prévalu. Tout homme qui agit, obéit, en agissant bien ou en agissant mal, à une théorie métaphysique très profonde qu'il ignore presque toujours mais que d'autres savent pour lui. Vgl. Johannes Volkelt: Vorträge zur Einführung in die Philosophie der Gegenwart. München 1892. Sechster Vortrag: Philosophie und Cultur. S. 167. M. J. Monrad: Denkrichtungen der neueren Zeit. Bonn 1879. S. 1—6.

in der Gegenwart«.[1] Dagegen ist die Einheit von Glauben und Wissen, worin das mittelalterliche Leben seine Höhe erreichte, und worin es trotz aller Kämpfe dennoch die Einzelpersönlichkeit bilden und eine eigenartige feste Ausgestaltung des wirthschaftlichen und politischen Lebens bei den europäischen Völkern zu Stande bringen konnte, schon längst zerrissen. Mit ihrer Auflösung begann eine neue Philosophie, welche nach einer dreihundertjährigen Entwicklung jetzt im grössten Gegensatz zu der Lehre des Christenthums und der unter seinem Schatten emporgewachsenen Weltanschauung steht. In eine kürzere Form kann man diesen Widerspruch schwerlich fassen, als ihn Gideon Spicker gebracht hat, wenn er sagt: »mittelalterliche Kirche und moderne Cultur sind unvereinbare Potenzen«.[2] Fr. Kirchner will daher auch die Geschichte selbst corrigiren und lässt das »dunkle Mittelalter« schon mit dem ersten Jahrhundert unserer Zeitrechnung beginnen.[3] Den Grund dieser philosophiegeschichtlichen Neuheit finden wir in folgenden Worten desselben Historikers, der auch die Licentiatenwürde in der protestantischen Theologie erworben hat, offen ausgesprochen: »Wir haben eine ebenso breite Lücke im Gange der philosophischen Entwicklung anzuerkennen, als die Macht des Christenthums als Weltanschauung dauert. Manchen ist es noch heute räthselhaft, wie diese Religion, welche einen gekreuzigten Gott verkündigt, welche die Welt für ein Jammerthal und alle Menschen für verlorene Sünder erklärt, welche das Fleisch zu kreuzigen und so viel Widersinniges zu glauben befahl, wie solche Religion, die ‚den Juden ein Aergerniss und den Heiden eine Thorheit‘ war, überhaupt Anklang finden konnte.«[4] Die neue Philosophie will selbst als die echt menschheitliche Religion der Zukunft an Stelle der veralteten Religion Jesu treten. Mit diesem Anspruch kann sie nur eine feindliche Stellung gegen das Christenthum einnehmen, und diese grundsätzliche Polemik verbündet alle unchristlichen

[1] H. G. Opitz: Grundriss einer Seinswissenschaft. I. Bd., 1. Abthl. Leipzig 1897, S. 314.

[2] Gideon Spicker: Die Ursachen des Verfalls der Philosophie in alter und neuer Zeit. Leipzig 1892, S. 275.

[3] Fr. Kirchner: Geschichte der Philosophie von Thales bis zur Gegenwart. 3. Aufl. Leipzig 1896, S. 164.

[4] A. a. O. S. 194.

Geistesmächte der Gegenwart, welche miteinander um die Herrschaft ringen.

Der Kampf der neuen Philosophie gegen das Christenthum gewinnt dadurch noch ein besonderes Interesse, dass man einerseits den Widerspruch des christlichen Lehrinhalts gegen die Vernunft und somit gegen alle Philosophie behauptet, während man andererseits dieselbe Lehre philosophiegeschichtlich nur als ein Erzeugniss der jüdisch-hellenistischen Philosophie erklärt, wie es Havet[1] nach dem Vorgange des alten Christenfeindes Celsus[2] thut. Einen tiefgreifenden Einfluss der griechischen Gedankenwelt auf die christliche Lehre behaupten auch Harnack, Hatch und Schürer. Wäre diese Erklärung für die Entstehung des Christenthums richtig, dann wäre dasselbe als ein philosophisches Product doch sicherlich nicht unphilosophisch und könnte in keinem unversöhnlichen Gegensatz zur Philosophie selbst stehen. So kann es sich nur darum handeln, ob die Philosophie des Christenthums auf Wahrheit Anspruch hat oder nicht.

2. Sehen wir uns zuvor die Gegner des historischen Christenthums und seiner Philosophie an. Wir werden ihre Kräfte am besten aus ihren eigenen Urtheilen über den Zustand der modernen Philosophie ermessen können. Vor zehn Jahren schrieb Adolf Steudel über den damaligen Stand der Philosophie: »Es ist eine eigenthümliche Erscheinung, dass, während seit längerer Zeit der Büchermarkt von einer gewaltigen Fluth philosophischer Schriften und einer überreichen philosophischen Journalistik überschwemmt wird, von verschiedenen Seiten der Philosophie, das heisst natürlich einer diesen Namen verdienenden wirklichen Philosophie zu Grabe geläutet werden will.... Diese Urtheile, dass es mit der Philosophie in ihrer Eigenschaft als Metaphysik zu Ende sei und dass keine Aufstellung eines befriedigenden neuen Systems zu erwarten sei, scheinen allerdings

[1] Havet: Le Christianisme et ses origines. Paris 1871. Max Müller: Theosophie oder psychologische Religion. Gifford Vorlesungen. Uebersetzt von Winternitz. Leipzig 1895, Vorwort S. IX. Vorlesungen XII, XIII. Vgl. dagegen Zigliara: Propaedeutica ad sacram theologiam lib. 3 c. 22. Romae 1884, S. 331. O. Willmann: Geschichte des Idealismus. Braunschweig 1896, II. Bd., § 58, S. 177. P. Schanz: Apologie des Christenthums. 2. Aufl. Freiburg 1897. II. Theil, S. 344 ff.

[2] Origenes: Contra Celsum 5, 65. Cf. Augustinus: Ep. 31 n. 8.

darin ihre Bestätigung zu finden, dass bis jetzt kein philosophisches System sich hat halten und eine dauernde Geltung gewinnen können, sondern dass immer die verschiedensten Systeme sich abgelöst haben. Es gilt dies namentlich von der neuen Zeit... So besitzen wir also zur Zeit keine einzige Philosophie, die sich einer allgemeinen oder auch nur einer vorherrschenden Anerkennung rühmen könnte, es stehen vielmehr sie alle in disparater, sich gegenseitig vernichtender Varietät gegenüber. Zu diesem Missgeschick der Philosophie kommt dann noch positiv die beschämende Thatsache, dass sich die Philosophen vielfach der auffallendsten Verstösse gegen ein verständiges Denken schuldig gemacht haben, was auch schon mehrfach gerügt worden ist.«[1] Er selbst schmeichelte sich, durch sein sechsbändiges Werk »Philosophie im Umriss« die Philosophie wieder auf eine gesicherte Bahn hingeleitet zu haben. Einer der besten Führer durch die Geschichte der neueren Philosophie, Professor Richard Falckenberg, findet die gegenwärtige Lage der Philosophie unbefriedigend: »Wir arbeiten fort an den Problemen, welche von Descartes, Locke, Leibniz aufgeworfen und von Kant zu der kritischen oder transcendentalen Frage zusammengeschnürt wurden, die Gegenwart ist noch immer beherrscht von dem durch Fichte auf ein höheres Niveau erhobenen Culturideal eines Baco, wir alle stehen noch unter dem ungeschwächten Banne jener Weltansicht, die sich im feindlichen Gegensatze zur Scholastik und unter dem nachhaltigen Eindrucke der gewaltigen den Eintritt der Neuzeit bezeichnenden geographischen und naturwissenschaftlichen Entdeckungen und religiösen Reformen gebildet hat.«[2] »Kurz: die moderne Philosophie ist antischolastisch, humanistisch und naturalistisch gesinnt.«[3] »Noch ist die Versöhnung des geschichtlichen und naturwissenschaftlichen, des christlichen und des modernen Geistes nicht gelungen.«[4] Er constatirt besonders die Metaphysikfeindlichkeit der modernen Philosophie,[5] was auch

[1] Zeitschrift für Philosophie und philosophische Kritik. 1887, XCII. Bd., S. 271–283.

[2] R. Falckenberg: Geschichte der neueren Philosophie. 2. Aufl. Leipzig 1892. S. 5.

[3] A. a. O. S. 10.

[4] A. a. O. S. 502.

[5] R. Falckenberg: Ueber die gegenwärtige Lage der deutschen Philosophie. Leipzig 1890. S. 11.

Johannes Volkelt[1] bestätigt, und unterscheidet drei Richtungen: links die Positivisten, die Neukantianer, die Bewusstseinsmonisten, welche die Möglichkeit der Metaphysik rundweg leugnen; rechts Anhänger von Hegel. Herbart, Schopenhauer, welche, ohne sich zu Concessionen an die moderne Erkenntnisslehre zu verstehen, an der Möglichkeit einer speculativen Metaphysik im alten Stile festhalten; in der Mitte eine Gruppe von Denkern, die weder auf ein solides erkenntnisstheoretisches Fundament, noch auf Gewinnung metaphysischer Ueberzeugungen zu verzichten gewillt sind, wie Eduard von Hartmann, Wundt und Otto Liebmann.[2] Er selbst bezeichnet als Aufgabe der Zukunft »die Erneuerung des Fichte-Hegel'schen Idealismus mittelst einer Methode, welche den Anforderungen der Gegenwart durch engeren Anschluss an die Erfahrung, allseitige Verwerthung der Erträgnisse der Natur- und Geisteswissenschaften und durch strengen und behutsamen Beweisgang gerecht wird«.[3]

Gideon Spicker erhebt folgende Anklage: »Dass die gegenwärtige Philosophie so lange sich vorzugsweise auf Geschichte und Erkenntnisstheorie verlegte, ist ein sicherer Beweis, dass sie selbst keinen eigenen und lebendigen Inhalt hat. Sie quält sich damit ab, das Verhältniss von Subject und Object zu bestimmen, den Inhalt früherer Systeme gründlich kennen zu lernen; aber da der transcendentale Sinn verloren gegangen ist, glaubt sie weder an die objective Wahrheit jener Systeme, noch auch an die Möglichkeit einer Erkenntniss der Dinge ausser uns. Es gebricht ihr also ebensowohl an sinnlichem wie übersinnlichem Inhalt. Sie ist ganz auf die Function des Ich angewiesen, auf sein Denken, Fühlen, Wollen, was höchstens zu einer subjectivistischen Erkenntnisstheorie, empirischen Ethik und Aesthetik führt, wobei aber über den Werth und die Wahrheit der Objectivität nichts ausgemacht wird. Ueber die Berechtigung dieses Strebens soll hier nichts entschieden, sondern nur die Thatsache hervorgehoben werden, dass die Philosophie wirklich alles höhern Inhalts baar, dass sie mit diesem Zweifel an der objectiven Erkennbarkeit der Dinge über, ausser

[1] Johannes Volkelt: Vorträge zur Einführung in die Philosophie der Gegenwart. Erster Vortrag.

[2] Falckenberg: Geschichte der neueren Philosophie. S. 496.

[3] A. a. O. S. 503.

und in uns ganz dem Skepticismus verfallen ist, auch wenn sie es nicht Wort haben und mit dem Ausdruck ,Erkenntnisstheorie' beschönigen will.«[1]

Rudolf Seydel greift auf die Gründungszeit der Zeitschrift für Philosophie und philosophische Kritik, an welcher Protestanten und Katholiken betheiligt waren, zurück. Das Ideal war damals »Zusammenschluss aller Getrennten in einer allbefriedigenden philosophisch religiösen Weltanschauung«.[2] »Der Pessimismus, der die Verstimmung des alten poetischen Idealismus im Anblick der entgeisteten Praxis und der an Uebeln reichen Wirklichkeit zum System erhob, hat sich ausgesprochen, und weiter hat er keinen Zweck. Der Materialismus ist wissenschaftlich todt und verspricht keine ausführbaren neuen Ziele im Praktischen. Der Skepticismus stirbt an Langerweile. Also ein neuer, frischer erhebender Lebensgehalt! Sollen wir ihn aus Rom holen oder aus den Bekenntnissbüchern von 1530 und 1580? Verstandesklar, kritisch, wissenschaftlich werden wir wohl nunmehr bleiben. Und doch gottgläubig, von Idealen erfüllt, gedanken- und phantasiereich, gemüthvoll und warm und sittenstark! Wo sich hinwenden, wenn nicht zu dem, was man damals in den Dreissiger Jahren wollte.«[3]

Adolf Lasson endlich schrieb um dieselbe Zeit: »Mehr als in der ersten Hälfte des Jahrhunderts trägt gegenwärtig die Philosophie internationalen Charakter. Die nationale Eigenthümlichkeit tritt wenig hervor, überwiegend nur noch in der Form geschichtlicher Erinnerungen an die früheren Vertreter des nationalen Geistes in den philosophischen Bewegungen. Selbst von einer führenden Nation darf man gegenwärtig kaum sprechen, und ebensowenig gibt es in irgend einem der grossen Culturländer mächtig überragende Häupter, um die sich die Masse sammelte und schaarte. So haben wir das Bild emsiger und vielseitiger Thätigkeit, aber auch unendlicher Zersplitterung der Kräfte. Die Richtungen, in denen gesucht und geforscht wird, sind so ziemlich überall dieselben; die Grundüberzeugungen und Beobachtungweisen zeigen eine grosse Gemeinsamkeit. Die

[1] G. Spicker: Die Ursachen des Verfalls u. s. w. S. 254.

[2] Rudolf Seydel: Zeitschrift für Philosophie und philosophische Kritik. 1893. CI. Bd., S. 108.

[3] A. a. O. S. 110.

Abwendung von begrifflicher und dialektischer Untersuchung und der Anschluss an die nächste thatsächliche Erfahrung und an die herrschend gewordenen Vorstellungen, der überwiegende Einfluss der naturwissenschaftlichen Methoden und Anschauungen, insbesondere der Physiologie in ihrer modernsten Gestaltung, und daneben die strenge Abweisung aller auf die letzten Principien hinstrebenden Speculation und aller metaphysischen Construction: diese Erscheinungen kehren überall wieder, und überall sind es nur einzelne Zurückgebliebene, die sich der neuen Zeitströmung anzuschliessen nicht vermocht haben. Dafür können sie, einflusslos und ohnmächtig, kaum anders als mit stillem Grimm oder mit humoristischem Behagen und ironischer Selbstverspottung aus dem Schmollwinkel dem übermächtigen Zuge der Geister in dieser Zeit nachschauen.«[1]

Wir könnten diese Zeugnisse ohne Mühe vermehren[2] und ihnen auch ähnliche aus der ausländischen Literatur beigesellen, doch wir bescheiden uns. Wir wollen uns auch jeder Kritik dieser Urtheile enthalten, sie sind verständlich genug. Dagegen dürfen wir jetzt, ohne die Objectivität eines Berichterstatters zu verletzen, auch das Urtheil anführen, welches einer der hervorragendsten Kritiker aus der Schule der christlichen Philosophie über die moderne Philosophie, welche er die emancipirte nennt, gefällt hat. Er bezeichnet den gegenwärtigen Stand der modernen Philosophie als trostlos und verzweifelt.[3] »Die von einigen gepredigte Rückkehr zu Kant beweist die eingerissene Verwirrung zur Genüge. Würde sie ernst genommen, so hiesse dies nur den Hexentanz von vorne beginnen. Diese Rückkehr ist für viele nur der maskirte Rückzug der Verzweiflung an aller Philosophie, des vollständigen Skepticismus.«[4]

---

[1] Adolf Lasson: Zeitschrift für Philosophie und philosophische Kritik. 1893. CII. Bd., S. 264.

[2] Vgl. Alexis Schwarze: Am Ausgang des XIX. Jahrhunderts. Zeitschrift für exacte Philosophie im Sinne des neueren philosophischen Realismus. 1893. XX. Bd., S. 227. Michael Glossner: Jahrbuch für Philosophie und speculative Theologie. 1897. XI. Bd., S. 1 ff. Richard Wahle: Geschichtlicher Ueberblick über die Entwicklung der Philosophie bis zu ihrer letzten Phase. Wien und Leipzig 1895. Gideon Spicker: Der Kampf zweier Weltanschauungen. Eine Kritik der alten und neuesten Philosophie mit Einschluss der christlichen Offenbarung. Stuttgart 1898. Einleitung, S. 1 ff.

[3] M. Glossner: Jahrbuch für Philosophie und speculative Theologie. 1888. II. Bd., S. 183. 1897. XI. Bd., S. 3 ff.

[4] A. a. O. II. Bd., S. 183.

3. Der gegenwärtige Zustand der neuen Philosophie ist daher nach dem eigenen Geständnisse ihrer Vertreter ein krankhafter und kennzeichnet deutlich ihren Verfall, der bis jetzt trotz einzelner Erscheinungen, die als eine Wendung zum Bessern gedeutet werden können, und trotz der ehrlichsten Wünsche für eine Aenderung, weder gehoben noch gehemmt ist. Es gibt eben nur noch Philosophen, die sich unter einander nicht verständigen können — aber es gibt keine Philosophie mehr. In diesem Babel kann der Laie sich längst nicht mehr zurecht finden und hat den Glauben an die Philosophie selbst verloren, den er nicht einmal mehr bei ihren Jüngern findet: denn von diesen glaubt jeder nur noch an sein eigenes System, wenn er es überhaupt noch zu einem solchen bringt. So macht denn »Rembrandt als Erzieher« die Philosophie gar zu einer blossen Kunst der Einbildungskraft und belehrt uns: »Je mehr geschlossene und völlig in sich durchgebildete Weltanschauungen aus einem Volke geboren werden, desto besser ist es für dasselbe; also je mehr deutsche Philosophen, will sagen mehr deutsche Weltanschauungen es geben wird, desto besser wird es für die Deutschen sein«.[1] Dann ist es natürlich auch nicht mehr zu verwundern, wenn schliesslich das Verlangen nach einer deutschen Reichsphilosophie ausgesprochen wurde. Eine Philosophie, welche rein subjectiv begonnen hat, musste nothwendig im Subjectivismus enden: sie muss es sich gefallen lassen, dass einer des andern System nur Begriffsdichtung und Begriffsphantastik genannt hat. Es bleibt zuletzt nichts mehr übrig als die Philosophiegeschichte mit ihren Denksteinen.

Aber gerade hier scheint die Möglichkeit einer Verständigung noch nicht ausgeschlossen, wenn es gelingt, den rechten Schlüssel zu finden, um die Hieroglyphen jener Denkmäler zu lesen. Die Geschichte der Philosophie weist einen bleibenden Wahrheitsgehalt auf, für welchen selbst der Irrthum wider Willen Zeugniss ablegen muss. Es ist der breite Strom der immerwährenden Philosophie, dessen Quellen auf dem Hochgebirge des Alterthums entspringen, und dessen mächtiger Wasserlauf in dem Bette der christlichen Speculation durch die Jahrhunderte sich ergiesst. Darum hat auch das Christenthum

[1] Rembrandt als Erzieher. 36. Aufl. 1891, S. 54.

die Angriffe der modernen Philosophie nicht zu fürchten; denn es ist selber im Besitz der wahren Philosophie, welche die immerwährende ist: perennis quaedam philosophia.

## § 2. Die Zeugen der immerwährenden Philosophie.

1. Fragen wir die grossen Philosophen des Alterthums, woraus sie ihre Lehren geschöpft haben, so verweisen sie uns auf ältere Quellen, auf frühere Philosophen und alte Ueberlieferungen, deren Inhalt sie geprüft und verarbeitet haben. Wohl waren sie sich der eigenen Kraft bewusst und davon überzeugt, dass sie selbst durch eigenes Forschen näher zur Wahrheit gelangen konnten. Aber dennoch haben sie gerne eingestanden, dass sie den Ertrag der Geistesarbeit früherer Zeiten als werthvolles Capital für die eigene Speculation benutzten, um es vermehrt ihren Nachfolgern, ihrer Schule,. als bleibendes Besitzthum zu hinterlassen. Die Tradition der Vorzeit ist nicht nur Trägerin und Stütze der griechischen Philosophie, sondern auch ihre älteste Quelle. Freilich wird auch dies von der modernen Kritik geleugnet, welche die Philosophie der Griechen für autochthon erklärt. Allein diese Behauptung ist weder allgemein zugestanden noch siegreich bewiesen: sie hat ihren tiefsten Grund vielmehr in dem noch immer nicht ganz überwundenen Hegel'schen Standpunkt. Der Wunsch nach der absoluten Autonomie der menschlichen Vernunft ist in der modernen Philosophiegeschichte zum Vater der griechischen Autochthonie geworden. Es ist nicht ohne Interesse, hier eine Aeusserung des Norwegers Anathon Aall über die Frage nach dem Einfluss der orientalischen Welt auf die klassisch-griechische anzuführen: »Hier sind nun freilich die anfänglichen Versuche nicht sehr glücklich ausgefallen. An wissenschaftlichem Gepräge nimmt sich die kritische Reservation auf diesem Gebiete vortheilhaft aus im Vergleich mit demjenigen, was Gladisch und Röth zu rasch für kritische Ergebnisse wollen eingestanden wissen. Erheblich sind auch die Schwierigkeiten: Einerseits in Bezug auf die Quellen, ausfindig zu machen, was ursprünglich der authentische Inhalt der in Frage stehenden orientalischen Theoreme gewesen ist. Andererseits in Bezug auf die Abhängigkeit, wie nämlich in der Wirklichkeit diese Entlehnung stattgefunden haben soll.

Aber bei alledem wird es eine Aufgabe für die Forschung bleiben müssen, eine Anknüpfung aufzuspüren, die schliesslich um nichts unnatürlicher wäre als die Thatsache, dass Schiffe über das Aegäische Meer segeln und Karawanen einen Weg nach der Küste des Mittelmeers finden konnten. Nur dass die bisherige Unklarheit rücksichtlich der oben angedeuteten Punkte uns zu warten gebietet, bis neue Mittel sich ergeben, die neue Resultate versprechen können.«[1]

Auch die Reisen der alten Philosophen nach Aegypten, dem Orient und in andere fremde Länder — mögen sie nun historisch beglaubigt oder nur sagenhaft sein — müssen als Zeichen jener Ueberzeugung von einer philosophischen Tradition gelten. In dieser Ueberzeugung sprach sich aber schon das Bewusstsein von einem festen Kerne philosophischer Wahrheiten aus; und mehr oder weniger deutlich vernehmen wir schon im griechischen Alterthum, in welchem die abendländische Philosophie beginnt, das Bekenntniss eines bleibenden Lehrinhaltes der Philosophie. Nur einige dieser Stimmen wollen wir hier zum Zeugniss für den Glauben an die Möglichkeit der immerwährenden Philosophie und für das Verlangen nach einer solchen anführen.

Schon Pythagoras[2] wurde als der aus dem Paradies gesandte Erneuerer des ältesten Wissens gefeiert. Seine Vorschriften wurden als althellenische Satzungen betrachtet.[3] Heraklit gab ihm das Zeugniss, dass er am meisten von allen Menschen Forschung geübt hätte, und tadelt ihn nur, dass er dabei eklektisch vorgegangen sei:[4] was jedenfalls Heraklits

[1] Anathon Aall: Der Logos bei Heraklit. Eine ideengeschichtliche Studie. Zeitschrift für Philosophie und philosophische Kritik. 1895. CVI. Bd., S. 217. Vgl. Gustav Glogau: Die Vorstudien und die Anfänge der Philosophie. Eine historische Skizze, herausgegeben von Hermann Siebeck. Kiel 1896. Otten: Einleitung in die Geschichte der Philosophie. Die Gottesidee, die leitende Idee in der Entwicklung der griechischen Philosophie. Paderborn 1895.

[2] Vgl. Otto Willmann: Geschichte des Idealismus, I. Bd. Braunschweig 1895. § 17, S. 263 ff.

[3] Plutarch: De esu carn. 2, 3 fin.

[4] Diogenes Laert.: De vitis philosophorum 8, 6: Ἡράκλειτος γοῦν ὁ φυσικὸς μονονουχὶ κέκραγε καί φησι »Πυθαγόρης Μνησιάρχου ἱστορίην ἤσκησε ἀνθρώπων μάλιστα πάντων καὶ ἐκλεξάμενος ταύτας τὰς συγγραφὰς ἐποιήσατο ἑαυτοῦ σοφίην πολυμαθίην, κακοτεχνίην«.

eigene Hochschätzung der alten Traditionen ausser Zweifel stellt. Plato beruft sich für seine Lehre auf »unsere ersten Stammväter, welche noch die Grenze der auf die Endigung des ersten Umlaufs folgenden Zeit erreichten und am Anfang des jetzigen geboren wurden. Denn diese sind uns eben die Verkünder aller jener Lehren geworden, die jetzt mit Unrecht von vielen nicht geglaubt werden«.[1] Die Alten, sagt er, wussten die Wahrheit, wir haben sie blos wiederzufinden. »Nur die Ueberlieferung der Vorfahren kann ich angeben, die Wahrheit wissen sie selbst; wenn wir aber diese fänden, brauchten wir dann noch nach menschlichen Meinungen zu fragen?«[2] Aristoteles suchte nicht nur die alten Traditionen auf,[3] sondern hat auch zuerst die Philosophiegeschichte kritisch begründet und bei allen Problemen den Wahrheitskern der Meinungen herauszuschälen versucht. Er ist der Ansicht, dass niemand die Wahrheit auf eine ihrer vollkommen würdige Weise treffen, ebensowenig aber sie gänzlich verfehlen könne; vielmehr behaupte jeder Philosoph über die Natur der Dinge etwas Richtiges; und wenn auch der Einzelne für sich allein nichts oder wenig zur Ermittelung der Wahrheit beitrage, so werde doch, wenn man zusammenrechne, was alle gefunden, eine ansehnliche Grösse daraus.[4] Man soll sich durch abweichende Ansichten der verschiedenen Philosophen über die Wahrheit nicht abschrecken lassen: die Erfassung derselben sei kein Haschen nach fliegenden Vögeln. Die Wahrheit sei denen zugänglich, welche den grössten Eifer und die grösste Liebe zu ihr hätten.[5] Plotin beruft sich ebenfalls auf die Weisen der Vorzeit, auf die uralten und seligen Philosophen.[6] Seine Lehre sei nicht neu, sondern auch den alten Philosophen wohlbekannt gewesen, aber von ihnen nicht genug entwickelt worden. Er selbst will diese Entwicklung so unternehmen, dass seine Reden nur Ausdeutungen der früheren seien.[7] Ammonius Hermias soll nach dem Zeugniss des

[1] Plato: Pol. p. 271 A.
[2] Plato: Phaedr. p. 274 C. Phil. p. 16 C. Leg. IV, p. 715 D.
[3] Willmann: Geschichte des Idealismus. I. Bd., S. 455 ff.
[4] Aristoteles: De part. anim. 1, 5.
[5] Aristoteles: Met. 3, 5. p. 1009 b 35.
[6] Plotinus: Enn. 5, 1, 6; 3, 7, 1.
[7] Plotinus: Enn. 5, 1, 8: τοὺς νῦν λόγους ἐξηγητὰς ἐκείνων γεγονέναι.

Hierokles der erste gewesen sein, der Plato und Aristoteles als die beiden Säulen der Philosophie betrachtete. Syrian endlich sagt, die besten der Philosophen weichen nicht von den Theologen ab.[1] Von den Römern mag Cicero genannt werden, der sich für einen Kreis von Wahrheiten auf den consensus gentium beruft:[2] darin suchte er einen Halt im Zweifel und eine Stütze für seinen Eklekticismus.

2. Nach dem Eintritt des Christenthums musste jene alte Ueberzeugung noch deutlicher zum Ausdrucke kommen, als das Bedürfniss laut ward, die neuen religiösen Gedankenreihen mit den überlieferten philosophischen Lehren zu vergleichen. Die patristische Philosophie unternahm diese Aufgabe zielbewusst: sie suchte den Anschluss an die antike Philosophie und den Nachweis einer durch die Ueberlieferung gesicherten Wahrheitslehre, deren Bestand auch auf christlichem Boden fortgeführt werden musste.[3] So erblickte schon Justinus eine theilweise Uebereinstimmung in den Lehren von Plato und Christus. Bei jedem von den Philosophen sei ein Samenkern des göttlichen Logos zu finden; und was von allen richtig gesagt wird, das sei auch im Christenthum anerkannt.[4] »Und die nach dem Logos leben, sind Christen, wenn sie auch Heiden genannt wurden, wie bei den Hellenen Sokrates und Heraklit und die ihnen ähnlich sind.«[5] In Plato und Aristoteles erkennt auch er die Mauern und Stützen der Philosophie.[6] Noch deutlicher beschreibt Clemens von Alexandrien die immerwährende Philosophie in den Worten: »Philosophie nenne ich nicht die stoische, auch nicht die platonische oder die epikureische und

---

[1] Syrianus l. 1: Arist. Opera ed. Berlin 1870. vol. V, p. 935 b.

[2] Cicero: Tuscul. 1, 13.

[3] Degerando: Histoire comparée des Systèmes de Philosophie. 2. éd. Paris 1822. T. IV, ch. 22, p. 16. Willmann: Geschichte des Idealismus. II. Bd., § 55—57.

[4] Justinus: Apol. II, 13. οὐκ ἀλλότριά ἐστι τὰ Πλάτωνος διδάγματα τοῦ Χριστοῦ, ἀλλ' οὐκ ἔστι παντὸς ὅμοια . . . ἕκαστος γάρ τις ἀπὸ μέρους τοῦ σπερματικοῦ θείου λόγου τὸ συγγενὲς ὁρῶν καλῶς ἐφθέγξατο· ὅσα οὖν παρὰ πᾶσι παλῶς εἴρηται, ἡμῶν τῶν Χριστιανῶν ἐστιν. Dial. c. Tryph. c. 2.

[5] Justinus: Apol. I, 46: Καὶ οἱ μετὰ λόγον βιώσαντες Χριστιανοί εἰσι, κἂν ἄθεοι ἐνομίσθησαν, οἷον ἐν Ἕλλησι μὲν Σωκράτης καὶ Ἡράκλειτος καὶ οἱ ὅμοιοι αὐτοῖς. Apol. II, 8.

[6] Justinus: Dial. c. Tryph. c. 5—7.

aristotelische, sondern alles, was von jeder dieser Schulen richtig gesagt worden ist, das nenne ich Philosophie.«[1] Eusebius von Cäsarea betrachtet Plato als den Prometheus der griechischen Philosophie, der zuerst alle bisher gleich den Gliedern des Pentheus zerstreut liegenden Gebiete der Philosophie in ein System brachte. Nach Plato kommen Pythagoras und Plutarch durch ihren reinen Gottesbegriff der Offenbarungsquelle am nächsten.[2] Theodoret von Cyrus anerkennt ebenfalls den Wahrheitsgehalt der antiken Philosophie in vielen Gleichnissen, in denen er zeigt, wie die christliche Philosophie von ihr zu lernen habe.[3]

Von den Lateinern spricht Lactantius, der christliche Cicero, sogar den Gedanken einer Codification der in den verschiedenen Systemen der Philosophie enthaltenen Wahrheit klar aus. Diese Pandekten der Wahrheit, die ihm als ein organisch geeintes System vorschweben, würden aber nur durch eine Orientirung an der Offenbarung endgiltig zu Stande gebracht werden können. »Wenn jemand die Wahrheit, die durch die Einzelnen ausgestreut und durch die Schulen verbreitet ist, sammeln wollte, der würde gewiss nicht anders denken als wir. Aber das kann niemand thun, ausser derjenige, welcher die Erfahrung und das Wissen vom Wahren hat. Das Wahre zu wissen ist aber nur Sache dessen, der von Gott belehrt ist. Denn sonst kann er dasjenige, was falsch ist, nicht zurückweisen, und das was wahr ist, auswählen und prüfen.«[4] Hieronymus nennt Pythagoras, Sokrates, Plato, Aristoteles die

---

[1] Clemens Alex.: Strom. 1, 7: φιλοσοφίαν οὐ τὴν στοικὴν λέγω, οὐδὲ τὴν πλατωνικὴν ἢ τὴν ἐπικούρειάν τε καὶ ἀριστοτελικήν, ἀλλ' ὅσα εἴρεται παρ' τοῦτο σύμπαν τὸ ἐκλεκτικὸν φιλοσοφίαν φημί. Vgl. 1, 4; 1, 13; 6, 5.

[2] Eusebius Caesar.: Praepar. evang. 11, 8—12. Vgl. ib. 14—25, 29—38; 12, 6.

[3] Theodoretus: Graec. affect. cura, s. 1.

[4] Lactantius: Div. Instit. 7, 7: Facile est enim docere, pene universam veritatem per philosophorum sectas esse divisam. Quod si extitisset aliquis, qui veritatem sparsam per singulos sectasque diffusam colligeret in unum ac redigeret in corpus, is profecto non dissentiret a nobis. Sed hoc nemo faceret, nisi veri peritus ac sciens est. Verum autem scire non nisi eius est, qui sit doctus a Deo. Neque enim potest aliter repudiare, quae falsa sunt, eligere et probare, quae vera sunt.

Fürsten der Philosophie.[1] Augustinus endlich gab dem Gedanken, den schon Lactantius angeregt hatte, eine noch schärfere Fassung. In vielen Jahrhunderten und mit vielen Anstrengungen ist dennoch eine Philosophiewissenschaft, welche die allerwahrste ist, ausgeschmolzen worden.[2] Ihr Inhalt ist nicht blos durch den Schmelzprocess flüssig gemacht und gereinigt, sondern auch in eine feste Form gegossen; denn das alles liegt in dem Ausdruck eliquata est, den er gebraucht. Zwischen diesem Wahrheitsgehalt und dem Christenthum ist kein Widerspruch vorhanden: »Wenn die Philosophen, die man so nennt, wahre und mit unserem Glauben vereinbare Sätze ausgesprochen haben, was die Platoniker am meisten thaten, so brauchen wir ihre Lehren nicht nur nicht zu fürchten, sondern müssen sie von ihnen wie von ungerechten Besitzern für unsern Gebrauch beanspruchen«.[3]

3. Derselbe Gedanke einer Prüfung der verschiedenen Systeme, von denen jedoch die Lehren Platos und Aristoteles' für die werthvollsten galten, sowie die Absicht einer kritischen Versöhnung der Gegensätze, um den Irrthum von der Wahrheit zu scheiden und so einen festen Bestand der Philosophie zu gewinnen, beherrscht die patristische wie die scholastische Zeit. Nur die Form der Ausführung ist eine verschiedene: in der Scholastik gewinnt sie an Vollkommenheit, bis sie ihr definitives Gepräge bei Thomas von Aquino erreicht. Wohl besassen die

---

[1] Hieronymus: Ep. 13: Habet unumquodque propositum principes suos . . . philosophi proponant sibi Pythagoram, Socratem, Platonem, Aristotelem. Vgl. Ep. 70 ad Magnuum.

[2] Augustinus: Contra Academicos 3, 19 n. 42 (ed. Maur.): Itaque nunc philosophos non fere videmus, nisi aut Cynicos aut Peripateticos aut Platonicos. Et Cynicos quidem, quia eos vitae quaedam delectat libertas atque licentia. Quod autem ad eruditionem doctrinamque adtinet, et mores quibus consulitur animae, quia non defuerunt acutissimi et solertissimi viri, qui docerent disputationibus suis Aristotelem et Platonem sibi concinere ut imperitis minusque adtentis dissentire videantur, multis quidem saeculis multisque contentionibus, sed tamen eliquata est, ut opinor, una verissimae philosophiae disciplina.

[3] Augustinus: De doctrina christ. 2, 40: philosophi autem, qui vocantur, si qua forte vera et fidei nostrae accomoda dixerunt, maxime Platonici, non solum formidanda non sunt, sed ab eis tamquam iniustis possessoribus in usum nostrum vindicanda. Vgl. Ep. ad Dioscor. c. 3 n. 21. De civ. Dei 18, 41 n. 2. Retract. 1 c. 1 n. 4.

Scholastiker eine sehr mangelhafte Kenntniss von der Geschichte der alten Philosophie; aber sie glaubten, dass es eine wenigstens in den Fundamentalsätzen unveränderliche Lehre bei den griechischen Philosophen gebe.[1] Gerade in diesem Glauben, den Hauréau nicht für berechtigt hält, sieht Franck dennoch »eine wichtige Synthese, die durch ihren Umfang und ihre Tiefe bewunderungswürdig ist«. Der Glaube an das Vorhandensein einer immerwährenden Philosophie konnte nicht deutlicher zum Ausdruck kommen, als es in diesen Versuchen der Scholastik geschehen ist, welche eine solche Philosophie schaffen wollte und auch wirklich etwas geschaffen hat, was noch heute weiter lebt. Hören wir hier nur die Stimmen der grossen Scholastiker.

Bonaventura behauptet ähnlich wie Justinus, dass die wahren Philosophen des Heidenthums sich nicht mit dem Polytheismus befleckt hätten.[2] Er betont die Wichtigkeit ihrer Lehren für die Erkenntniss der Wahrheit und die Widerlegung der Irrthümer und sucht eine in sich abgeschlossene Philosophie bei Augustinus. »Keiner«, sagt er, »beschreibt die Natur der Zeit und des Stoffes besser als Augustinus, sowie den Ursprung der Formen und die Fortentwicklung der Dinge; keiner behandelt das Problem der Seele und das Problem Gottes sowie die Natur der Schöpfung besser: und um es kurz zu sagen, die Magistri (der Theologie) bringen wenige oder gar keine Lehrstücke in ihren Büchern vor, die man in den Büchern von Augustinus nicht wiederfindet. Lies Augustinus über die christliche Lehre, wo er zeigt, wie die heilige Schrift nicht ohne Kenntniss der übrigen Wissenschaften verstanden werden kann.

---

[1] Barthélemy Hauréau: De la Philosophie scolastique. Paris 1850. T. 2, p. 226: Ignorant l'histoire et la fortune des anciens systèmes, les philosophes du XIII[ième] siècle se persuadent volontiers que Aristote et Platon se sont pris de querelle sur des détails plus ou moins frivoles, mais que sur les grands problèmes ils étaient d'accord. L'anarchie des écoles grecques, l'antagonisme constant des doctrines étant des faits qui leur sont mal connus, ils supposent qu'au dessus de toutes les sectes, au dessus de tous les paradoxes individuels il existait chez les Grecs une philosophie constitutionelle, si l'on peut ainsi parler, une doctrine invariable dans ses données fondamentales, établie sur les prémisses consacrées par une longue tradition, et tout leur labeur tend à rechercher cette doctrine, cette philosophie.

[2] Bonaventura: Hexaemeron, sermo 5. Sent. 3 D. 24 a. 3 q. 2 ad 5. (Opera, Romae 1588.)

Er zeigt auch, dass die Lehrer der Theologie die Lehre der Philosophie so erbeutet haben, wie die Kinder Israels die Gefässe Aegyptens.[1] Daher haben wir Vieles, was wir nicht von den Philosophen über philosophische Lehren gelernt haben, von den Heiligen gelernt«.[2]

Albert der Grosse (1206 bis c. 1280) spricht das, was Augustinus gefunden hat, in voller Erkenntniss dieser Leistung formell aus; er sucht die wahre Philosophie nur in der Ergänzung des Platonismus durch den Aristotelismus. »Wisse«, sagt er, »dass der Mensch in der Philosophie nur zur Vollkommenheit gelangt aus der Wissenschaft zweier Philosophien, Platos und Aristoteles'.«[3] Besonders hebt er den Werth der griechischen Ethik hervor.[4]

---

[1] Exodus c. 12 v. 35—36.

[2] Bonaventura: Opusc. de tribus quaestionibus ad magistrum innominatum: Cum verba philosophorum aliquando plus valent ad intelligentiam veritatis et errorum confutationes non deviat a puritate in his aliquando studens, maxime cum multae sint conclusiones fidei quae sine his terminari non possint. Unde si velimus nimis stricte iudicare, fortasse ipsos sanctos, quod impium est, iudicabimus curiosos. Nam nullus melius naturam temporis et materiae describit quam Augustinus inquirendo et disputando in libro Confessionum. Nullus melius exitus formarum et propaginem rerum, quam ipse super Genesim ad litteram. Nullus melius quaestiones de anima et de Deo, quam ipse in libro de Trinitate. Nullus melius naturam creationis mundi, quam ipse in libro de civitate Dei. Et ut breviter dicam, pauca aut nulla ponunt magistri in libris suis, quin illa reperias in libris Augustini. Lege Augustinum de doctrina christiana, ubi ostendit, quomodo non potest intelligi sacra scriptura sine aliarum scientiarum peritia. Ostendit etiam, quod sicut filii Israel asportaverunt vasa Aegypti, sic doctores theologi doctrinam philosophiae. Unde multa, quae non didicimus per philosophos de dictis philosophiae didicimus per sanctos.

[3] Albertus M.: Met. 1 tr. 5 c. 15 (Opera ed. Jammy, Lugduni 1651): scias, quia non perficitur homo in philosophia, nisi ex scientia duarum philosophiarum Platonis et Aristotelis. Ib. 3 tr. 3 c. 18. De natura locorum tr. 1 c. 1: praecipuos viros in philosophia, sicut fuit Aristoteles et Plato De natura et origine animae tr. 1 c. 2. Sent. 2 D. 13 a. 2.

[4] Albertus M.: De sacrif. missae tr. 1 c. 2: sicut enim Judaeus per Scripturam Deum cognovit, ita gentilis sapiens et philosophus per naturalem sapientiae rationem Deum cognovit . . . quoniam inter omnes gentiles Graecus tali sapientia sapiens fuit. . . . Secundam causam assignant observationes legum quae apud Graecos primo fuerunt, sicut ostendunt leges duodecim tabularum et pandectarum scientia, quae usque hodie perseverant a Graecis in nobis observatae. . . .

Der Dominikaner Vincenz von Beauvais († c. 1264), der die Erziehung der Söhne König Ludwigs des Heiligen leitete, sagt von den heidnischen Philosophen: sie haben wunderbare und vorzügliche Sätze über den Schöpfer und die Geschöpfe ausgesprochen, die sich sowohl nach dem katholischen Glauben wie nach der menschlichen Vernunft als wahr erweisen.[1] Er anerkennt die Autorität der Philosophen, welche eine Wissenschaft erfunden haben oder Kenner derselben sind und sie discret behandeln, wie es z. B. Aristoteles in der Logik gethan hat.[2] Die Sammlung dieser Wahrheiten ist das Ziel, das ihm bei seiner für die mittelalterlichen Verhältnisse grossartigen Encyklopädie der Wissenschaften, Speculum maius, vorschwebte.[3]

Jenen seit Jahrhunderten erstrebten Ausgleich der philosophischen Ansichten und die Codification der Wahrheiten hat Thomas von Aquino (1227—1274) in seinem System thatsächlich vollzogen und auch durch die kritische Prüfung derselben in seinen Aporien methodisch erwiesen. Er ist fest überzeugt von einem solchen Bestand der Philosophie, den er auf den providentiellen Einfluss göttlicher Kundmachung durch das Licht der Vernunft zurückführt.[4] »Wir müssen die Meinungen der Alten annehmen, wer sie auch sein mögen. Und dies hat einen doppelten Nutzen: erstens weil wir das, was richtig gesagt worden ist, zu unserer Hilfe annehmen sollen, zweitens weil wir das, was falsch aufgestellt worden ist, vermeiden sollen.«[5]

---

[1] Vincentius Bellovacensis: Speculum natur., prolog. c. 12 (Venetiis 1591): mira tamen et praeclara quaedam dixerunt de creatore et de creaturis, quae et fide catholica et ratione humana manifeste probantur vera.

[2] Vincentius Bellov.: Spec. natur., prolog. c. 11: Quoniam artifici cuilibet in sua facultate discentem oportet credere, saecularium scientiarum studiosis scholaribus, ut in eis proficiant, necesse est primitus philosophis earum inventoribus vel peritis ac discretis tractatoribus fidem adhibere, v. gr. Prisciano in grammatica, Aristoteli in logica, Tullio in rhetorica, Hypocrati in medicina.

[3] Vgl. Bourgeat: Études sur Vincent de Beauvais ou Specimen des études philosophiques, théologiques, scientifiques au moyen âge. Paris 1857. p. 33.

[4] Thomas Aquinas: Summa theol. II., II. q. 157 a. 1 ad 3 (Opera, Parmae 1852): Studium philosophiae secundum se est licitum et laudabile propter veritatem, quam philosophi acceperunt, Deo illis revelante, ut dicitur ad Romanos. 1. Vgl. Opusc. 63 super Boet. de Trin. q. 2 a. 3 c.

[5] Thomas Aquinas: De anima 1 lect. 2: Necesse est accipere opiniones antiquorum quicumque sint. Et hoc quidem ad duo erit utile. Primo quia

Heinrich von Gent († 1293), Doctor solemnis genannt, der ein sehr origineller Denker war, ist ebenfalls vom Wahrheitsgehalt der Philosophie durchdrungen,[1] unterscheidet aber genau zwischen der Philosophie und ihrer Tradition. »Philosophie ist die wahre Wissenschaft von den natürlichen Dingen, die von wahren Philosophen aus den Dingen selbst durch Beobachtung gewonnen, aber nicht subjectiv von ihnen gemacht ist. So hat das Wort Philosophie an sich immer einen guten Sinn. Daher sind alle Sätze, welche die Philosophen zusammengetragen, und die sie wahrhaft aus den Dingen gefunden haben, durchaus wahr und können nicht im Gegensatz zu Gott und zu dem, was er gesagt hat, stehen, weil die Geschöpfe das wahre Werk Gottes sind, woraus die Wahrheit der göttlichen Weisheit hervorleuchtet. Philosophische Tradition ist dagegen alles, was die Philosophen als Ergebniss ihrer wahrheitsgemässen Forschung auf Grund der Beobachtung der Dinge selbst schriftlich veröffentlicht haben, dabei haben aber viele sehr oft geirrt«.[2] Die Ideenlehre gibt ihm Veranlassung, die gegenseitige Ergänzung des Platonismus und Aristotelismus zu fordern. Dabei verbindet er den

illud, quod bene dictum est, accipiemus in adiutorium nostrum. Secundo quia illud, quod male enuntiatum est, cavebimus. Vgl. Opusc. 1, Comp. theol. c. 36: Haec autem, quae in superioribus de Deo tradita sunt, a pluribus quidem gentilium philosophis subtiliter considerata sunt, quamvis nonnulli eorum circa praedicta erraverint. Com. in Epist. ad Roman. c. 1 lect. 6. Op. 14 de substantiis separatis, prooem. Sum. c. gent. 1, 9.

[1] Henricus Gandav.: Summa theol. P. 1 a. 7 q. 9 n. 5; a. 11 q. 7 n. 8. (Ferrariae 1646.)

[2] Henricus Gandav.: Sum. th. P. 1 a. 8 qu. 13 n. 10: Aliud est dicere philosophiam, alind vero philosophica traditio. Philosophia enim est vera rerum naturalium scientia, quae a veris philosophis ex rebus est animadversa, non ab eis instituta, et semper sonat, quantum est de se, nomen philosophiae in bonum. Unde quaecumque philosophi conscripserunt, illa verissima sunt et contraria Deo et dictis eius esse non possunt, quia creaturae sunt verum opus Dei in quo veritas divinae sapientiae elucet. Philosophica autem traditio est omne illud, quod in publicis scriptis reduxerunt, quasi ex rebus veridica animadversione investigatum, in quibus quamplurimum multi ex ipsis erraverunt. Ib. 1 a. 5 q. 4 n. 11: Si apostolus nescio cuius alienigenae testimonium, quia verum comperit, ipse attestatus est, cur nos apud quemcumque invenerimus quod Christi est, et verum est, etiam si ille apud quem invenitur perversus est et fallax est, non discernimus propter vitium, quod homo habet, veritatem, quam non suam, sed Christi habet? Cf. Quodlib. 8 q. 14.

Satz Augustinus, über die immerwährende Philosophie mit dem von Albert dem Grossen den beiden griechischen Philosophen zuerkannten Primat und sagt: »aus allen beiden ist die eine Wissenschaft der wahren Philosophie ausgeprägt worden.«[1] In dieser Fassung klingt der Satz noch schärfer als bei Augustinus, weil Heinrich hier direct dem Inhalt dieser Philosophie das Prädicat der Wahrheit zuspricht.

Auch für Roger Bacon (1214—1294), der so scharf gegen Albert und Thomas Stellung nimmt, ist die Philosophie ein Gemeingut der Christen und Ungläubigen: denn die Ungläubigen können die Principien der Philosophie und der menschlichen Weisheit nicht leugnen.[2] Der christliche Philosoph soll aber die Beweisführung der ungläubigen Philosophen ergänzen: dadurch kommt erst das complementum philosophiae zu Stande.[3] Dieser vollkommene Zustand der Philosophie ist dadurch zu erreichen, dass wir die Ansichten der Aelteren streng examiniren, um das Fehlende zu ergänzen und die Fehler zu

---

[1] Henricus Gandav.: Sum. th. 1 a. 1 q. 4 n. 21: Non agit ad generandum notitiam et scientiam veritatis in nobis secundum communem cursum exemplar aeternum, nisi mediante exemplari temporali. Ex quo patet, quod modus Aristotelis, si non sensit id quod dixit Plato, erat deminutus. Patet etiam quod modus Platonis, si non sensit quod Aristoteles, similiter erat deminutus. Ex utrisque autem erit eliquata una verissimae philosophiae disciplina. Cf. Quodlib. 4 q. 20.

[2] Roger Baco: Metaph. c. 3: Quia infideles negant auctoritatem Christi et sanctorum et evangelicae veritatis, ideo per hanc unam non est eundum contra eos, vel ad eorum instructionem. Neque debet aliquis praesumere de miraculis faciendis nunc temporis. Quapropter tertia via est requirenda, et haec non est nisi per potestatem philosophiae, quae est communis nobis et eis, quia infideles principia philosophiae et humanae sapientiae non possunt negare, neque auctoritates eorum...

[3] Roger Baco: Opus maius P. II c. 14 (The Opus Maius of Roger Bacon edited ... by John Henry Bridges. Oxford 1897, vol. I, p. 57): Praeterea semper crescere potest in hac vita studium sapientiae, quia nihil est perfectum in humanis inventionibus. Quapropter antiquorum defectus deberemus nos posteriores supplere, quia introivimus in labores eorum per quos, nisi simus asini, possumus ad meliora excitari; quia miserrimum est semper uti inventis, et nunquam inveniendis, ut dicit Boetius, et probatum est superius suo loco. Item Christani debent ad suam professionem quae sapientia Dei est caetera pertractare, et vias philosophorum infidelium complere; non solum quia posteriores sumus, et debemus addere ad eorum opera, sed ut cogamus sapientiam philosophorum nostrae deservire. Ib. c. 17 (p. 64): Nullus enim auctor

verbessern, und so einen Zuwachs an Wahrheit gewinnen. Für ihn beginnt die Philosophiegeschichte schon mit den Patriarchen, den Söhnen Adam's.[1] Aristoteles aber strebte danach, ihre Philosophie zu vollenden. Dennoch hat er nicht alles gewusst; er hat das geleistet, was für seine Zeit möglich war, aber er ist nicht bis zum Ende der Weisheit gekommen. Aristoteles und die Uebrigen haben den Baum der Weisheit gepflanzt; aber er hat noch nicht alle seine Zweige und nicht alle seine Früchte hervorgebracht.[2] Endlich sei noch der Augustiner Aegidius von Colonna erwähnt († 1316), der den Ehrentitel Doctor fundatissimus führt: derselbe findet gleichfalls die natürlichen Wahrheiten in der heidnischen Philosophie vor.[3]

In Dantes unsterblichen Werken fand die Gedankenwelt des Mittelalters ihren höchsten künstlerischen Abschluss. Der Florentiner Sänger ist nicht blos Schüler des Aquinaten, sondern selbst durch und durch Philosoph. Seine Dichtung ist daher auch der Ausdruck seiner eigenen Philosophie, und diese letztere trägt einen universalen Charakter. Cicero und besonders Boetius führten ihn zuerst in die Philosophie ein, die er dann

---

est quin praeter principalem intentionem aliqua incidenter recitet quae sunt alibi magis propria; et huius causa est annexio scientiarum, quia quaelibet ab alia quodammodo dependet; sed omnis, qui debito modo tractat, debet quae sunt propria ei assignare, et quae necessaria et suae competentia dignitati, et ideo ubicumque ea inveniat velut sua cognoscere, et tamquam propria habet rapere, et in locis propriis collocare. Propter quod philosophans Christianus potest multas auctoritates et rationes et sententias quamplurimas de scriptis aliis, quoque de libris philosophorum infidelium adunare, dummodo sint propria philosophiae, vel communia ei et theologiae, et quae communiter habent fideles et infideles reperire. Et nisi hoc fiat. non perficietur, sed multum ei derogabitur. Et non solum debet hoc fieri propter complementum philosophiae; sed propter conscientiam Christianam, quae habet omnem veritatem ducere ad divinam, ut ei subiiciatur et famuletur. Ib. c. 14 (vol. 1 p. 56): oportet nos in philosophia revolvere sententias fidei et theologiae magnificas quas reperimus in libris philosophorum et in partibus philosophiae, ut non sit mirum quod in philosophia tangam sacratissimas veritates, quoniam philosophis Deus concessit multas sapientiae suae veritates.

[1] Ib. P. I c. 9 (p. 44).

[2] Ib. P. I c. 13 (p. 55). Compend. Philos. P. 4.

[3] Aegidius Romanus: 2 Sent. D. 11 q. 1 a. 2 (Venetiis 1581): Libenter ad confirmanda dicta nostra adducimus sententias gentilium, ut tanta appareat veritas nostrae fidei, ut etiam in lege naturae, quae fide tenemus, sint a gentilibus approbata.

trotz seiner platonischen Anlage [1] in ihrer vollendeten Form von Thomas lernte. Wie er sie sich in ihrem immerwährenden Bestande dachte, sehen wir aus der Schilderung der Vorhölle. Dort erblickt er Aristoteles, »den Meister derer, die ein Wissen haben«, unter der Philosophenfamilie sitzend. Schon durch diese Stellung spricht er ihm die Würde des Lehrers und Richters aller übrigen zu: »alle bewunderten ihn, alle erwiesen ihm die Ehre.« Am nächsten kamen ihm Sokrates und Plato. Dann nennt Dante als Repräsentanten der Philosophie in der weiten Bedeutung, die in jener Zeit sich auf die Gesammtheit der Vernunftwissenschaften erstreckte: Demokrit, Diogenes, Anaxagoras, Thales, Empedokles, Heraklit, Zeno, Dioscurides, Orpheus, Tullius, Livius, Seneca, Euklid, Ptolomäus, Hippokrates, Avicenna, Galienus und Averroes.[2] Die christlichen Philosophen reiht er dagegen unter die Theologen ein, die er in den Sonnenhimmel versetzt. Für die Ethik anerkennt er besonders eine Vervollkommnung der platonischen Lehre durch Aristoteles.[3]

4. In der Zeit der Renaissance hatte der Humanismus in einseitiger Weise das Studium der antiken Philosophie erneuert. Die Glaubenstrennung mit ihren Vorbewegungen brachte es zum offenen Bruch mit der philosophischen Tradition. Der Verlust des Autoritätsbewusstseins und der stark hervortretende Subjectivismus mit seiner ganzen individuellen Werthschätzung mussten zur Zersplitterung führen. So erhob sich ein offener Kampf gegen die christliche Philosophie, wie sie in der scholastischen Tradition erhalten war. Aber gerade durch diese Einflüsse, welche die ruhige Fortentwicklung der Gedankenreihen störten, erwachte auch wieder ein dringendes Bedürfniss nach Orientirung in der Philosophie und nach einem festen Halt im Wirrwar der Meinungen. Das Verlangen nach dem allgemein giltigen Wahrheitskern lebte auf, und in der Zeit der Noth erscholl der Rettungsruf nach einer immerwährenden Philosophie.

Den Uebergang aus der eigentlichen Periode der Scholastik in die neue Zeit können wir am besten an zwei Er-

[1] Vgl. H. v. Stein: Sieben Bücher zur Geschichte des Platonismus. Göttingen 1862—1875. III, 98. Ch. Huit: Le Platonisme à la fin du moyen âge: Annales de Philosophie chrétienne. 1890. T. 22, p. 44 s.

[2] Dante: Inferno 4, 131—144.

[3] Dante: Convito 4, 6. Vgl. Franz Hettinger: Die göttliche Comödie des Dante Alighieri. Freiburg 1880. S. 342 f.

scheinungen bemerken. Der berühmte Karthäuser Denys van Leuuven (1402—1471),[1] der mit Nicolaus von Cues innig befreundet war, beherrschte die Scholastik wie die Patristik. Aber die Weite seines Blickes zeigt sich besonders in seinen philosophischen Studien, die sich unter anderm auf folgende Philosophen erstreckten, die er selbst in dieser Reihenfolge besonders namhaft macht: Plato, Proklus, Aristoteles, Avicenna, Algazel, Anaxagoras, Averroes, Alexander von Aphrodisium, Alphorabius, Abubather (Ibn-Tofaïl), Evempote (Ibn-Badja), Theophrast, Themistius.[2] Von allen suchte er sich Wahrheiten anzueignen. An literarischer Fruchtbarkeit ist er nur mit Augustinus oder mit Albert dem Grossen zu vergleichen; die Neuausgabe seiner Schriften wird nicht weniger als 48 starke Bände umfassen.[3] Unter denselben findet sich auch ein Compendium der Philosophie sowie ein geschichtsphilosophisches Werk über die Ursache der Verschiedenheit der menschlichen Ereignisse, ferner ein grosser Commentar zu allen Schriften des Areopagiten und zu dem Werke über den Trost der Philosophie von Boetius nebst vielen anderen Abhandlungen philosophischen Inhalts. Gleich ihm hält auch Girolamo Savonarola[4] mitten in der neuen Bewegung treu an der scholastischen Tradition fest und sucht in seinen philosophischen Werken[5] gerade vermittelst dieser von Plato und Aristoteles bis zu Thomas von Aquino führenden Reihe fester Lehren die in Florenz sich erhebende ethnisirende Strömung des Humanismus zu reguliren. Durch seine Berufung auf die grossen Philosophen des Alterthums zeigte er sich nicht blos selbst als echten Scholastiker, sondern wies auch seine Zeitgenossen auf die Wege der immerwährenden Philo-

[1] Vgl. Welters; Denys le Chartreux. Ruremonde 1882. D. A. Mongel: Denys le Chartreux. Sa vie, son rôle, une nouvelle édition de ses ouvrages. Montreuil- sur Mer 1896. C. V. d. B.: Denys le Chartreux: Revue Bénédictine 1897, 14ième année p. 347—358.

[2] Siehe den Selbstbericht über seine Studien am Ende des IV. Bandes seines Sentenzencommentars, bei Mongel l. c. p. 20 und Rev. Bénéd. l. c. p. 349.

[3] Dionysii Cartusiani Opera omnia. Monstrolii, typis Cartusiae S. M. de Pratis 1896.

[4] Vgl. Paolo Luotti: Il Vero Savonarola e il Savonarola di L. Pastor. Firenze 1897. Dello studio della Scrittura sacra secondo Girolamo Savonarola e Leone XIII con riguardo a' Padri e a' Dottori della Chiesa. Torino 1896.

[5] Jahrbuch f. Phil. u. spec. Theologie. 1896. XI. Bd., 87 ff.

sophie zurück. Dass die letztere immer noch festgehalten wurde, geht auch aus dem merkwürdigen Decrete hervor, welches Ludwig XI. am 1. März 1473 für die Pariser Universität gegen die Nominalisten erliess: darin wird die theologische Facultät wegen ihrer philosophischen Traditionen belobt. Abgesehen von den wunderlichen Irrthümern über Philosophiegeschichte, spricht doch eine weite und grossartige historische Auffassung aus diesem königlichen Erlasse. In demselben kommt die Universalität der sokratischen und platonischen Philosophie in Verbindung mit dem aristotelischen Realismus zum Ausdrucke. Die Lehre Aristoteles' selbst wird durch die Heranziehung seiner Erklärer: Averroes, Albert des Grossen, Thomas von Aquino, Aegidius von Rom, Alexander von Hales, Scotus, Bonaventura gewiss nicht einseitig erfasst, und die Lehre dieser Commentatoren als eine solche dargestellt, die schon durch die Tradition als die richtige garantirt ist.[1]

Während diese Erscheinungen noch aus der scholastischen Tradition zu erklären sind, so finden wir auch bei der neuen Richtung selbst das Bedürfniss, an die Ueberlieferung der immerwährenden Philosophie anzuknüpfen. Gemistios Plethon (c. 1440) suchte einseitig die goldene Kette der Ueberlieferungen von den letzten Neuplatonikern zu Plato, Pythagoras und bis ins sagenhafte Alterthum, bis zu den Sibyllen, Zoroaster und Hermes Trismegistos zurückzuführen, polemisirte aber gegen Ari-

[1] Sic priscis temporibus compositum illud antiquissimum nominatissimumque Atheniense studium, quod iam olim omnis Grecia universusque terrarum orbis coluit, doctrinam Socratis et Platonis doctrine Thaletis Milesii, Biantis, ceterorumque quos Graeci sapientes appellabant quoniam ex ea fructus uberiores proveniunt, proponere non dubitavit. — Ulterius statuimus et edicimus quod predicta Aristotelis doctrina eiusque commentatoris Averroys, Alberti Magni, Sancti Thomae de Aquino, Aegidii de Roma, Alexandri de Hallis, Scoti, Bonaventurae aliorumque Realium doctorum, quorum doctrina retroactis temporibus sana securaque comperta est, tam in sacre theologie quam arcium facultatibus in predicta Parisiensi Universitate deinceps more solito legatur, doceatur, dogmatizetur, discatur et intimetur: altera autem predictorum Nominalium tam expressatorum (Occam, Marsilius, Petrus d'Ailly) quam aliorum quorumcumque sibi similium in eadem Universitate nec alibi quoquoversum in regno nostro deinceps palam aut occulte aut quovis modo nullatenus esse legendam, docendam et dogmatizandam aut aliquatenus sustinendam expresse decernimus. Annales de Philosophie chrét. 1897. T. 36, p. 422.

stoteles.[1] Derselbe Gedanke kehrt bei Marsilius Ficinus (1433—1499), dem begeistertsten Platoniker jener Zeit, wieder: die alten Gottesweisen reihen sich zu einer goldenen Kette zusammen, von Zoroaster, Hermes und Orpheus durch Aglaophamus und Pythagoras zu Plato, dessen Ueberlieferung die drei attischen Akademien, die ägyptische des Ammonius, die römische Plotins und die lykische des Proklus vertraten.[2] Aber Ficinus stand doch noch auf scholastischem Boden. Er war mit einem blossen Synkretismus nicht zufrieden. Durch gründliches Studium der philosophischen Summa des Aquinaten hatte er sich auf das Platostudium vorbereitet. Deswegen behielt er auch die Werthschätzung des Aristoteles, über den er an seinen Freund, den Aristoteliker Hermolaus schrieb: »In demselben Cult der Wahrheit und Tugend sind wir Eins, in welchem Plato und Aristoteles nur Eins sein konnten.«[3] Pico della Mirandola († 1494), der Freund Savonarola's, wollte ebenso »die goldene Kette«, die den Platonismus mit dem Christenthum verbindet, als historische Wahrheit nachweisen. Er arbeitete auch an einem Werke »de concordia Platonis et Aristotelis« und hatte beide studirt.[4]

Am schärfsten aber brachte der Augustiner Chorherr und Titularbischof von Kisamos, Agostino Steuco († 1550) jene alte Ueberzeugung wieder zur Geltung und prägte zuerst den Namen dafür, der nachher von Leibnitz adoptirt wurde und sich seitdem erhalten hat. Sein Hauptwerk, auf welches wieder aufmerksam gemacht zu haben, das Verdienst Otto Willmanns ist,[5] führte den bezeichnenden Titel: De perenni philosophia libri X. Es erschien 1540 und war dem Papste Paul III. ge-

---

[1] Gemistius Pletho: Περὶ ὧν Ἀριστοτέλης πρὸς Πλάτωνα διαφέρεται Mscr. Graec. 70 der Nationalbibliothek in Paris. In diesem Mscr. folgt von demselben Verf.: Τοῦ αὐτοῦ συγκεφαλαίωσις Ζοροαστερείων καὶ Πλατωνικῶν δογμάτων. Vgl. Ann. de Ph. chrét. 1895. T. 32, p. 385. Gass: Gennadius und Pletho. Breslau 1844.

[2] Marsilius Ficinus: Theologia Platonica. Florentiae 1482. f. 17 a.

[3] Vgl. Ch. Huit: Le Platonisme pendant la Renaissance, 3ième article: Ann. de Ph. chrét. 1895. T. 33, p. 269. Ueber Ficinus' Lehre: 1896. T. 33, p. 362.

[4] Vgl. M. di Giovanni: G. Pico della Mirandola, filosofo platonico. Firenze 1882.

[5] O. Willmann: Gesch. des Idealismus. III, 170 ff.

widmet.[1] Der genannte Historiker gibt folgendes Urtheil darüber ab: »Die neueren Geschichtsschreiber der Philosophie, deren Akribie in der Angabe von Quellen und Hilfsmitteln untergeordnetster Art manchmal über das Bedürfniss hinausgeht, wissen gar nichts mehr von dem Werke, welches das Verständniss der antik-christlichen Philosophie in grossartiger Weise erweitert und den Grund zu einer ideengeschichtlichen Betrachtung der philosophischen Entwicklung gelegt hat.« Er charakterisirt das Werk, ohne seine Mängel zu verschweigen, richtig als »die Grundzüge einer Universalgeschichte der Philosophie nach festen Principien entworfen« und sagt vom Verfasser: »Er bringt dabei ebensowohl das traditionelle als das nationale Element der Speculation in Anschlag; ein Erbgut von Weisheit, dass sich im alten Testamente rein, bei den Orientalen in pantheistischer Anmischung erhält, sieht er als den Ansatzpunkt alles Philosophirens an, unterschätzt aber auch nicht die zumal bei den Griechen auftretende Gedankenarbeit, welche dem individuellen Pfadfinden weiteren Spielraum lässt... Steuchus' Werk ist aber nicht blos eine Geschichte der Philosophie, sondern im gewissen Sinne auch eine Philosophie der Geschichte.«[2] Thatsächlich fasst aber Steuco seine Aufgabe noch viel weiter, und gerade deshalb verdient er hier eingehendere Erwähnung. Die philosophiegeschichtliche Untersuchung ist ihm nur das Mittel, um die Uebereinstimmung der philosophischen Lehren zu finden und so einen festen Kern der perennis philosophia nachzuweisen. Wenn er auch bei der Ausführung seines grossartigen Unternehmens Irrthümer begangen hat, so bleibt doch sein Werk schon ein Beweis für die Möglichkeit, den übereinstimmenden Wahrheitsgehalt aus den Lehren der alten Philosophen auszusondern. Deshalb gehört Steuco zu der Reihe der classischen

---

[1] Augustini Steuchi Eugubini Episcopi Kisami, Apost. S. Bibliothecarii, viri doctissimi, de perenni philosophia libri X. Basileae 1542. 725 p. Gr. 8⁰. Das Exemplar, welches die Breslauer Universitätsbibliothek besitzt, gehörte dem Dichter Johannes Scheffler (Angelus Silesius) an; es trägt die Widmung: »Abraham v. Franckenberg legavit suo Johanni Schefflerio A. 1652 m. Jun. Mihi sufficit unum et Mihi.« Für die Anschauungen des Dichters sind wir dadurch auf eine ganz neue, bisher nicht beachtete Quelle hingewiesen.

[2] Willmann: G. d. Id. III. Bd., S. 175.

Zeugen für den Bestand der immerwährenden Philosophie. Er hat daher gerechten Anspruch darauf, dass wir seine Gedanken vernehmen.

»Gleichwie das Princip aller Dinge nur eins ist, so bezeugen die Vernunft und die Denkmäler vieler Völker und Literaturen, dass auch das Wissen von jenem Princip immer dasselbe bei allen geblieben ist. Es ist theils vom ersten Ursprung der Menschen an entstanden und durch alle Zeitalter auf die Nachkommen übertragen worden. Theils ist es aus der vielfachen Betrachtung der Dinge zu Stande gekommen und unter dem Namen Philosophie immer ruhmvoll gewesen.«[1] Diese auf die uralte religiöse Ueberlieferung des Menschengeschlechtes gegründete Philosophie hat drei Zeiträume durchlaufen: ihr Jugendalter, in welchem sie stark und lebendig war in der Form der religiösen Ueberlieferung; und als diese alt geworden war, wurde sie durch die Speculation der Philosophie wiedergeboren und wieder hergestellt, zuletzt aber (in der christlichen Zeit) erstand sie grösser und lichter, als sie jemals gewesen war.[2] Die Aufgabe, die Steuco sich gestellt hat, ist daher eine doppelte: er will sowohl die alte religiöse Ueberlieferung, wie die philosophischen Lehren aufsuchen und an der Wahrheit

---

[1] Steuchus: l. 1 c. 1 de successione doctrinae ab exordio mundi, p. 1: Ut unum est omnium rerum principium, sic unam atque eandem de eo sententiam semper apud omnes fuisse ratio multarumque gentium ac literarum monimenta testantur. Haec partim nata a prima hominum origine, per omnes aetates devoluta est ad posteros; Partim ex multiplici rerum consideratione parta, Philosophiae nomine semper celebris fuit.

[2] Ib. p. 3. Sic autem tres Philosophiae fuisse dicemus aetates, priorem quasi inventam vegetam, robustam, quae cum ad senectutem pervenisset, coeperit philosophorum tempore, sed sui longe dissimilis, renasci, ac reparari, novissime non renasci solum, sed maior luculentiorque quam unquam fuisset, oriri, lucemque quantam possent capere mentes, ubique diffundere. Eodem videlicet, quo proles humana labentes, quae principio quidem beata fuit, futura immortalis si stetisset, tum in omne malum pestemque delapsae, post restitutae crevit multis gradibus prior dignitas. Omnem igitur quae semper in hominibus fuit, sapientiam, non his solum persuademur, eandem apud omnes fuisse, sed multis quidem illis ac maximis exemplis, cum sparsa per omnes gentes veritatis eius vestigia intuemur, quam libris suis Moses olim, quasi procul e remotissima specula inspiciendam ostendit: postea luce clarissima refulgens, omnium oculos, animosque complevit. Dignissimum autem est ostendere, idem semper omnes gentes credidisse, quod nunc credunt, retinentque omnes. . .

prüfen. Dasjenige, was darin gleichförmig ist, macht eben den Bestand der immerwährenden Philosophie aus, den einheitlichen Wahrheitsgehalt.[1] Er unterscheidet daher drei Stadien der Philosophie: die ursprüngliche Ueberlieferung, die sich unter den Völkern verbreitet hat und im Laufe der Zeiten verdorben wurde; die Speculationen der Philosophen über die Naturen und Ursachen der Dinge, die nicht frei von Irrthümern ist; endlich die Weisheit der christlichen Offenbarung.[2] Er dehnt jedoch seine Untersuchungen nur auf die Gotteslehre aus.

In ganz anderer Weise als Steuco hat der gelehrte italienische Jesuit Antonio Possevin (1535—1610) durch sein

---

[1] Ib. p. 6: Huius operis autem duplex erit ratio, ut quoniam ostensum est, unam necessario fuisse semper sapientiam, sive successione proditam, sive coniecturis et iudiciis exceptam, utramque revocare et conferre cum vera: propterea conformationes, aut de perenni Philosophia sunt appellatae. Nam cum una sit religio coelestis, constans eximia pietate et doctrina, eandem fuisse ex quo genus humanum coepit esse, aut indicante natura, aut revelatione succurrente, obscuriorem quidem quondam et penes paucos, postea radientissimam, totoque in mundo flagrantem, qui voluerit, intelliget Haec vestigia, has reliquias sapientiae nos videntes, credidimus maioris cuiusdam priscis seculis, postea maxime lucis fuisse quasi radios: sicque in unum omnia spectare veritatem.

[2] Ib. l. 1 c. 2 de tribus modis, quibus cognita est Sapientia, sed posteriore praestantissime, p. 7: Tres igitur Philosophiae partes, et genera contigit esse: Primum fuit illud totum, quod ab origine mundi, quasi per manus, et famam succedente fama, in multas gentes se diffudit, quod nisi violatum postea fuisset, magna rebus humanis ea lux extitisset. Alterum genus a Philosophis, naturas causasque rerum speculantibus habuit ortum, quod a primo quidem plurimum recessit, iudiciis humanis saepenumero labentibus, et quam quaerunt veritatem non invenientibus. Tertia demum Philosophia illuxit, omnes claritate sui, prioris tenebras depellens, non uno se loco continens, sed radiis replens universa. Haec errores Philosophiae, et plagas ac vulnera, quae temporibus fuerant illata, prioris illius sanavit: mediae praepostera iudicia retexit. Ab omnibus expetita, omnium hominum iudicio, vel ipsorum Philosophorum, mundo necessaria, sola digna Sapientiae nomine: ut in omni lingua et doctrina fraudes, et fabulae multae: sic solum hic dulcis et optata requies animorum, per incertas hominum coniecturas ante vagantium. Haec, quae fuit vera scientia rerum humanarum, semper aliqua luce refulsit in mundo, semper eundem mundi principem, eundem ortum, eandem animorum immortalitatem, easdem culparum poenas et eadem praemia, peccatorum eandem expiationem, atque postea demonstrans, quod erit ex ipsis testimoniis inter se collatis perspicuum.

im Jahre 1562 verfasstes Werk »Apparat zur Philosophie«[1] den Gedanken der immerwährenden Philosophie durchgeführt und durch seine kritischen Regeln ergänzt. Im ersten Theil handelt er über die wahre Philosophie im Allgemeinen: ihre Leuchten sind Plato für viele, Aristoteles für die meisten. Zuerst beantwortet er die Frage, ob das Studium der Philosophie zu verwerfen sei wegen der unsicheren Lehre der Philosophie, um deren willen sehr viele auch von der göttlichen Wahrheit abgewichen sind. Die Antwort schöpft er aus den christlichen Vätern, welche selbst Philosophie getrieben, sie für nothwendig gehalten und die Nothwendigkeit der wahren Philosophie bezeugt haben. Darauf begründet er die Eintheilung der Philosophie in die speculative und practische und die der letzteren in die moralische und factive aus der allgemeinen Betrachtung und Eintheilung der realen Wesen, wobei die Logik als Organ und nicht als selbständiger Theil der Philosophie erscheint. Auch die traditionellen Einteilungen der alten Philosophen werden erwähnt. Weiter handelt er vom Ursprung der Philosophie und den Werkzeugen zur Erkenntniss der Dinge, die Gott den Menschen verliehen hat, und erörtert die Frage, warum nicht alle dieselbe Methode beim Suchen nach der Wahrheit angewendet haben, obwohl allen dieselben Fähigkeiten angeboren sind. Nachdem er sodann die Nothwendigkeit der Offenbarung nachgewiesen, rathet er, vor dem Studium der Philosophie die Bücher Moses über die Principien der Welt zu studiren: denn aus Moses hätten die von Aristoteles so genannten alten Theologen und die folgenden Philosophen geschöpft. Hier verweist er auf Steuco, dessen Werk er als »eine Inhaltsangabe der wahren Philosophie und Religion« bezeichnet.[2] Er spricht

[1] Antonii Possevini Mantuani Societatis Jesu. Apparatus ad Philosophiam. Primo ad eam, quae vera est; mox ad Platonicam. denique ad Aristotelicam. Expenduntur Platonis, et Aristotelis Interpretes Graeci, Arabes, Latini cum nonnullis, qui hoc seculo floruerunt. Additur elenchus eorum qui de rebus Philosophicis, sive naturalibus scripsere. Vicentiae, Apud Georgium Graecum. MDIC. Superiorum permissu.

[2] Ib. Tr. 1 c. 8 f. 19 b: Praeter id autem, quod Eusebius Caesariensis et alii hac de divinae Philosophiae Methodo utilissime scripserunt, extant Augustini Steuchi Eugubini de Philosophia libri decem, verae indices Philosophiae, ac pietatis. Eos si quis percurrerit, antequam Philosophicos Gentilium libros tractet, habebit unde mentem pascat eruditione, sensaque

dann über die Grenzen des menschlichen Erkennens und führt die Bestimmungen über das Studium der Philosophie an, welche auf dem vierten Lateranconcil und dem Concil zu Vienne gegeben sind. Um die richtige Methode zu erkennen und durchzuführen, müsse man die Methode oder die Lehrsätze der verschiedenen Philosophen zuvor kennen, wobei er den Nutzen der Philosophiegeschichte nach Pererius entwickelt. Es folgen der Vergleich der göttlichen und menschlichen Philosophie nach Augustinus, der Zweck des Disputirens nach Pico della Mirandula, Vorsichtsmassregeln über die Stellung und Lösung der Fragen und endlich Bemerkungen über die Ungewissheit und Uneinigkeit der heidnischen Philosophen. Der zweite Theil behandelt die platonische Philosophie. Die verschiedenen Ansichten darüber werden angeführt. Plato habe die Weisheit des Isaias und Salomon gekannt. Vor dem Studium Platos müsse man die Reihenfolge der platonischen Dialoge feststellen, wobei die echten von den unechten unterschieden werden. Er unterscheidet Dialoge mit einfachen Themata und solche, welche die Wissenschaftslehre betreffen. Die Sprachweise Platos wird kritisch untersucht, die Stellung der Kirchenväter gewürdigt. Endlich werden die Erklärer Platos kritisirt und die Versuche, Aristoteles mit Plato zu versöhnen, angeführt: das Urtheil, welches Joh. Baptista Crispus über Plato gefällt habe, sei das richtige. Der dritte Theil (Tr. 3 und 4) behandelt die aristotelische Philosophie. Zuerst spricht er über das Leben, den Charakter und die Lehre Aristoteles, die verschiedene Beurtheilung desselben: Aristoteles habe die Behandlung der gesammten Philosophie und ihre Methode innerhalb der richtigen Grenzen ge-

---

sapientum pene omnium, qui olim celebriores fuerint, hauriat, ut deinceps firmiores progressus sistat in Philosophiae studiis. Libros autem eiusdem Eugubini, si quis prae illorum magnitudine non ita omnes perlegerit, certe capita cuiusque praefixa operi, obsecro, legat, ut suo quaeque loco cum Aristotelis libros evolverit, sciat quae cum quibus conferenda sint, ac non tam illius, quam reliquorum ethnicorum Philosophorum lapsus antiquissima veritatis censura, et luce corrigere. Sed et idem Eugubinus librum scripsit de Cosmopaeia, in quo praeter pauca, in quibus dissentit ab aliis (quae quidem Pererius noster suis in Genesim Commentariis, et Xystus Senensis ante Pererium docte notavit) interdum apposite ostendit, quae iacienda sint in humanae Philosophiae studio fundamenta ex divinis a Mose relictis monimentis.

nauer und kürzer als alle seine Vorgänger angegeben, weshalb ihm der Vorzug vor allen gebühre. Allein seine wissenschaftliche Beweisführung ist nicht absolut vollkommen und daher auch seine Lehre nicht unerschütterlich und nicht in allen Theilen gleichartig, obwohl sie scharfsinnig und genau ist.[1] Hierauf folgt die Eintheilung seiner Schriften, die Auffindung des richtigen Sinnes seiner Worte; die Regeln darüber, wie seine Erklärer gelesen oder den Studirenden vorgetragen werden müssen, die Beurtheilung derselben, wobei die äusserste Vorsicht bezüglich der griechischen, lateinischen und arabischen Commentatoren nach dem Vorgange von Franciscus Toletus anempfohlen, die Vorzüge der Erklärungen des Aquinaten, die Kritik der Aristotelesschriften desselben nach Vielmius gegeben und über die Benützung der Bücher von Aenesidemus Pyrrhonius gesprochen wird. Endlich gibt er an, über welche Gegenstände man zur Uebung des Geistes Untersuchungen anstellen soll: namentlich über die naturwissenschaftlichen Fragen. Von besonderem Interesse ist die weitere Abhandlung über die Philosophie Aristoteles' (Tr. 4). Die Vorbemerkungen zur Erklärung desselben handeln über Ursprung und Würde der Philosophie sowie über ihre Geschichte: die Philosophie hat nicht erst bei den Griechen angefangen. Sehr interessant sind die Angaben der Schriftsteller, die zur Einleitung in die Philosophie empfohlen werden, weil sie durch die Weite des Gesichtskreises, der über die Grenzen der Scholastik hinausragt, gerade dem Ideal der immerwährenden Philosophie entsprechen: neben Schriften von Boetius, Seneca, Richard von St. Victor werden solche von Nicolaus von Cues, Johannes Franciscus Pico, Cardinal Hadrian (Papst H. VI.), Hieronymus von Padua, Petrarcha, Cornelius Rhodiginus und Petrus Lagnerius genannt.[2] Weiter folgt eine Auswahl der Interpreten Aristoteles' und werthvolle didaktische Regeln für die Erklärung seiner einzelnen Schriften. Hierauf gibt er eine Zusammenstellung der Irrthümer, die sich bei Aristoteles, Averroes, Algazel, Alchindus (Alkindi) und Rabbi Moses finden, wodurch er für die Darstellung der immerwährenden Philosophie einen weiteren Fortschritt eröffnet, und beschliesst endlich sein Werk mit der Angabe der für die Naturwissenschaft zu empfehlenden Autoren.

[1] Ib. Tr. 3 c. 4 f. 73—77.

[2] Ib. Tr. 4 c. 1 f. 108 a.

In der von Steuco gewiesenen Richtung entstand eine reiche Literatur, die von Otto Willmann ausführlich behandelt ist, so dass wir hier auf seine geschichtliche Darstellung verweisen können [1] und nur die hauptsächlichsten Namen kurz zu erwähnen brauchen. Der Calvinist Philipp Du Plessis-Mornay schrieb (1585) »über die Wahrheit der christlichen Religion«; Mutius Pansa (1605) »über den Kuss und die Uebereinstimmung der heidnischen und christlichen Philosophie«; der Canonicus Petrus Bungus aus Bergamo (1618) über »die Geheimnisse der Zahlen«.[2] Der Minorit Livius Galanthes verfasste (1627) eine Vergleichung der christlichen Theologie mit der platonischen und mit der ganzen alten Weisheit der Heiden, nämlich der Chaldäer, Aegypter und Griechen. Clasen veröffentlichte 1684 seine »heidnische Theologie oder den Beweis, dass die Götter, die Opfer und Anderes aus der Quelle der Schrift entstanden seien«. Tobias Pfanner stellte ein »System der reineren heidnischen Theologie« auf. Auf denselben Wegen gingen auch die englischen Platoniker der Renaissance vorwärts: Ralph Cudworth (1678) in seinem grossartig angelegten »System der Welterkenntniss«, welches Mosheim ins Lateinische übersetzt hat.[3] Louis Thomassin beschrieb endlich (1685) »die Methode, wie man die Philosophie in Bezug auf die christliche Religion und die Schrift christlich und solid studieren und lehren sollte«. und lenkte damit wieder in die von Possevin zuerst beschrittene Bahn ein.

In einem engeren Umfange waren ähnliche Bestrebungen, die aber doch in der Richtuug der immerwährenden Philosophie verliefen, schon früher aufgetreten, um den Unterschied des Platonismus und Aristotelismus auszugleichen.[4] Ganz auf dem Boden der Scholastik stehend arbeitete der Dominikaner Chry-

[1] Willmann: Geschichte des Idealismus. III, 176 ff.

[2] Petrus Bungus Bergomas: De mysteriis numerorum. Parisiis 1618.

[3] Radulphi Cudworthi, Theol. D. et in Academia Cantabrigiensi Professoris, Systema intellectuale huius universi, seu de veris naturae rerum originibus commentarii, quibus omnis eorum philosophia, qui Deum negant, funditus evertitur. Accedunt reliqua eius opuscula. Joannes Laurentius Mosheim . . . omnia ex Anglico Latine vertit, recensuit . . . Lugduni Batav. 1773.

[4] Vgl. Willmann: Geschichte des Idealismus. III, 104.

sostomus Javellus,[1] ein Schüler Cajetans, in hervorragender Weise an diesem Werke, und seine Bemühungen fanden besonders auch bei Possevin Anerkennung,[2] der seinerseits jene Arbeit auch noch auf die Stoiker ausdehnte.[3] Der Augustinereremit Gabriel Buratellus schrieb (1573) eine »Versöhnung der hauptsächlichsten Controversen Platos und Aristoteles«. In dieser Richtung arbeiteten ferner Franz Piccolomini († 1604), Mazonius, Symphorianus Camperius, Sebastian Foxius Marzelius, Jacob Carpentarius, Bernardin Donatus. Diese Bestrebungen fanden sogar ihren Geschichtsschreiber in Röschel.[4] Einen weiteren Schritt vorwärts machte der Augustiner Nebridius von Mündelheim, indem er (1654) in seiner »Philosophie des grossen Kirchenlehrers Augustinus« auf die von ihm vollzogene Verschmelzung hinwies. Noch weiter ging Jacques Fournenc,[5] der eigentliche Philosoph des französischen Oratoriums, welcher auch auf Descartes einen gewissen Einfluss ausübte, indem er in seiner »Uebersicht über die gesammte Philosophie« die reinen Lehren Aristoteles mit dem Geiste Platos und den Ansichten der Kirchenlehrer verglich und an den Principien des hl. Thomas festhalten wollte. Den letzten Schritt aber that Johannes Baptist Duhamel, der »über die Uebereinstimmung der alten und neuen Philosophie«[6] schrieb und in diesem Werke auch den Ausgleich mit Descartes, Gassendi u. s. w. zu Stande bringen wollte, obwohl er diesen Zweck nicht erreicht hat. In der Darstellung der Physik hatte er sich vorgenommen, »die Lehren fast aller Philosophen zu prüfen und aus ihnen das Wahrscheinlichste herauszunehmen, die extremen Ansichten zu mässigen,

---

[1] Chrysostomi Javelli Canapicii . . . totius Rationalis, Naturalis, Divinae ac Moralis Philosophiae. 2 Tomi. Lugduni 1568.

[2] Possevin: Apparatus ad Philosophiam, Tr. 4 c. 17 p. 133 a.

[3] Ib. Tr. 4 c. 5 p. 116 a.

[4] Roeschelii Disputatio de philosophia conciliatrice. Witenbergae 1692.

[5] Jacques Fournenc: Universae philosophiae synopsis accuratissima, sinceriorem Aristotelis doctrinam cum mente Platonis passim explicata et illustrata et cum orthodoxis S. S. Doctorum sententiis breviter dilucideque concinnans. Parisiis. 1655. Vgl. Willmann: Geschichte des Idealismus III. Bd., S. 146 ff.

[6] Joh. Bapt. Duhamel: De consensu veteris et novae philosophiae libri quatuor, seu promotae per experimenta philosophiae pars prima. Ed. nova Rothomagi 1675.

und diejenigen, die nur oberflächlich betrachtet einander entgegengesetzt seien, soviel als möglich zu versöhnen. Denn alle streben nach demselben Ziele, obwohl sie verschiedene Wege wandeln.«[1] In dem Ausgleichsversuche zwischen der alten und neuen Philosophie folgte ihm Eusebius Amort. Endlich verdient auch Bossuet noch hier genannt zu werden, weil er, ohne sich einer bestimmten Schule zuzuwenden, doch die Vorzüge der platonischen und aristotelischen Lehre würdigte, andererseits aber sich zu Augustinus und Thomas hinneigte.

5. In der Periode der Aufklärung, musste der überall schaffende Philosoph der Culturarbeit, der in mehr als einer Hinsicht grosse Leibniz zumal er in allen Gebieten auf Ausgleich und Versöhnung drang, die von Steuco geprägte Formel für die Neuzeit verkünden. Während er selbst Denkelemente aus allen Systemen in seine Philosophie aufgenommen hat, und zwar nicht blos im guten Glauben an ihre Vereinbarkeit, sondern in der tieferen Erkenntniss dieser Möglichkeit, ist er, vielleicht aus Charakterschwäche, doch Synkretist geblieben. Aber das Verdienst bleibt ihm, die Lehre von der immerwährenden Philosophie in die Entwicklung der modernen Philosophie hinübergerettet zu haben, wo die Früchte jener Lehre noch reifen sollen. Er erkannte klar, dass es ebenso wie es nur eine Geometrie, so auch nur eine Philosophie gibt: ihre Aufgabe ist es, die sich von allen Seiten her erschliessende Wahrheit aufzusuchen.[2]

So konnte er denn 1714 an Remond de Montmort die bekannten Worte schreiben: »Die Wahrheit ist viel mehr verbreitet, als man denkt; aber sehr oft ist sie geschminkt und

---

[1] Duhamel: l. c. Ratio operis p. 2: Nam id mihi propositum est, omnium pene Philosophorum disciplinas lustrare, atque ex iis quod verisimillimum erit, quasi nostrum arripere; extremas opiniones ad iustum temperamentum adducere; eas demum quae non tam inter se dissident, quam primo aspectu videntur, ut fieri maxime poterit, conciliare . . . id sane cuivis non hebeti constabit, Platonem, Aristotelem, atque alios Philosophiae Principes neque omnia neque nihil vidisse. Eodem omnes tendunt, quamvis diversas muniant vias; ac demum alii in aliis rebus tractandis excellunt.

[2] Leibniz: Philosophische Schriften. Herausgegeben von Gerhardt, Berlin 1880, IV. Bd., S. 312: non distinguuntur apud Geometras Euclidei, Archimedei aut Apolloneani: omnium enim eadem secta est, sequi aperientem e undecunque veritatem.

sehr oft auch eingehüllt und sogar geschwächt, verstümmelt, verdorben durch Zusätze, die ihr schaden oder ihren Nutzen schmälern. Wenn man diese Spuren der Wahrheit bei den Alten oder, um allgemeiner zu sprechen, bei den Vorfahren bemerklich machen wollte, so würde man das Gold aus dem Schmutz, den Diamant aus seiner Grube und das Licht aus der Finsterniss herausziehen: und das wäre wirklich eine Art von immerwährender Philosophie.«[1] Sein Ruf ist nicht spurlos verhallt.

6. In der Zeit des grössten Subjectivismus bemerken wir bei Schelling trotz seiner Unklarheit doch schon die Wendung zu den alterthümlichen Lehren Plato's, auf welchen auch Leopold Graf Stolberg und Christian Schlosser zurückweisen, um gegen Kant zu protestiren. Aber erst Hegel, dessen System wohl den meisten speculativen Gehalt unter allen Versuchen der modernen Philosophie besitzt, vollzog den Fortschritt über Kant hinaus und gewann für die Philosophie eine geschichtliche Ansicht wieder. Er rühmte sich, — ob mit Recht oder Unrecht ist hier gleichgiltig — alle Principien der alten Philosophie angewendet zu haben: in seiner Logik fehle keine Kategorie, die jemals eine Philosophie für die höchste erklärt habe. Wir finden bei ihm die Werthschätzung Plato's, Aristoteles' und besonders des Neuplatonismus; selbst im Christenthum erblickt er Elemente, die zur Ergänzung seiner eigenen Lehre dienen sollten. Eucken schildert dieselbe mit den Worten: »Den höchsten Gipfel bildet die reine Philosophie, die Philosophie des Wissens als ‚der sich in Geistesgestalt wissende Geist oder das begreifende Wissen'. Sie ist aber nicht noch etwas Besonders neben ihrer Geschichte, sondern nichts anderes als deren Bewegung selbst, ihre in Eins zusammengefasste und vom Gedanken durchleuchtete Bewegung. Die Lehren der einzelnen Philosophen sind nicht Ansichten und Einfälle von blossen Individuen, sondern Stufen eines ein-

[1] Leibniz: Op. phil. ed. Erdmann p. 704 a: La vérité est plus repandue qu' on ne pense; mais elle est très-souvent fardée et très-souvent aussi enveloppée, et même affoiblie, mutilée, corrumpûe par des additions, qui la gâtent ou la rendent moins utile. En faisant remarquer ces traces de la vérité dans les Anciens, ou, pour parler plus géneralement, dans les antérieurs, on tireroit l'or de la boue, le diamant de sa mine, et la lumière des ténèbres; et ce seroit en effet perennis quaedam philosophia. Vgl. 68, 78, 109, 110, 146, 379, 481.

zigen grossen Gedankenlaufes. Alles hat hier seinen sichern Platz, alles erwächst aus dem Ganzen und mündet in das Ganze. Bei den einzelnen Denkern fügen sich alle einzelnen Lehren unter eine Centralidee und gewinnen erst damit ihren Werth.«[1] In diesem Streben folgte ihm Immanuel Hermann Fichte, dessen Arbeit erst jüngst Eucken ebenfalls charakterisirt hat: »Fichte gehörte zu den Geistern, die nicht ausschliessen, sondern zusammenfassen möchten, er fand seine Aufgabe darin, ‚den Widerstreit der Systeme, wie ihn die Geschichte der Philosophie äusserlich darbietet, vollkommen zu deuten und auszugleichen', zugleich aber Speculation mit ihrer Geschichte enger zu verbinden, ‚eine Abrechnung über die bisherige Gesammtleistung' zu vollziehen. Die Ueberzeugung, dass ‚die entgegengesetzten Systeme nur das eine System der Philosophie' sind, liess ihn allen philosophischen Particularismus verwerfen und ‚eine Neidlosigkeit der Standpunkte' fordern. Eine solche Neidlosigkeit hat Fichte selbst durch die That bewiesen. . . . . Unermüdlich hat Fichte in dieser Weise daran gearbeitet, einen bleibenden Ertrag der Speculation für die höchsten Aufgaben des menschlichen Daseins aus dem Kampf und Streit herauszuheben uud zugleich alle Systeme als Mitarbeiter an einem gemeinsamen Werk zu würdigen.«[2] Noch viel energischer trat Trendelenburg für die Rückkehr zu den beiden antiken Geistesfürsten ein und sprach die immerwährende Giltigkeit ihrer Principien offen aus, wodurch er nicht nur selbst die Wege der immerwährenden Philosophie betrat, sondern auch vielen zum Führer wurde, denen er das aristotelische Studium hinterliess. Sein kräftiger Protest ist allbekannt: »Es muss das Vorurtheil der Deutschen aufgegeben werden, als ob für die Philosophie der Zukunft noch ein neu formulirtes Princip müsse gefunden werden. Das Princip ist gefunden: es liegt in der organischen Weltanschauung, welche sich in Platon und Aristoteles gründete, sich von ihnen her fortsetzte und sich in tiefere Untersuchung der Grundbegriffe, sowie der einzelnen Seiten und in der Wechselwirkung mit den realen Wissenschaften ausbilden

[1] Eucken: Die Lebensanschauungen grosser Denker. S. 459 f. Vgl. Willmann: Geschichte des Idealismus. III. Bd., S. 561 Nr. 5.

[2] Eucken: Zur Erinnerung an Immanuel Hermann Fichte. Zeitschrift für Philosophie und phil. Kritik. 1892, CI. Bd., S. 1.

und nach und nach vollenden muss.«[1] Robert Zimmermann, der erste Geschichtsschreiber der Aesthetik, hat aber das Verdienst, dass er direct auf die von Leibniz überlieferte Formel zurückgriff, indem er dessen Ausspruch zum Motto für seine Arbeit über Leibniz und Herbart wählte und ihn auch in der Geschichte der Aesthetik als seine Parole wiederholte.[2] Nach ihm bekannten sich Franz Hoffmann, Natorp, Schmidt und andere zu derselben Formel: und in allerjüngster Zeit findet sie auch in G. Spicker einen Anwalt.[3]

In der französischen Philosophie nahm Victor Cousin den Leibniz'schen Gedanken auf, führte ihn aber später im Hegel'schen Geiste durch. Auch Alfred Fouillée, der vom Platonismus Anregungen empfing, war von dem Wunsche beseelt, die Systeme zu versöhnen und eine wahrhaft einheitliche Philosophie zu gestalten, was ihm freilich nicht gelungen ist. Versöhnung der extremen Ansichten versuchte auch Alfred Weber, der zum Monismus hinneigt und spiritualistisch gesinnt ist: er sucht die Koryphäen der Philosophie weder im Lager der Materialisten noch in dem der Spiritualisten, sondern in der Zwischenregion.[4]

Innerhalb der christlichen Philosophie war auch in der neueren Zeit die aus der scholastischen Periode herübergekommene universale Auffassung geblieben und fand auch in den Worten des römischen Katechismus jene Stütze, die für die katholischen Philosophen wenigstens eine äussere Norm sein konnte. Roselli und Sanseverino haben durch ihre vergleichende und auf der geschichtlichen Entwicklung fussende Darstellung den Bestand einer immerwährenden Philosophie in christlicher Fassung erwiesen. Kleutgen brach ebenfalls durch seine »Philosophie der Vorzeit« in Deutschland eine Bahn, die in derselben Richtung verläuft. Hettinger, Haffner, Gonzalez, Glossner und

[1] Adolf Trendelenburg: Logische Untersuchungen. 2. Auflage. Leipzig. 1860, I. Bd. Vorrede S. IX.

[2] Robert Zimmermann: Leibnitz' Monadologie. Wien 1847, S. 2. Geschichte der Aesthetik als philosophische Wissenschaft. Wien 1858, I. Bd. Vorrede.

[3] Gideon Spicker: Der Kampf zweier Weltanschauungen. Stuttgart 1898, S. 166.

[4] Alfred Weber: Histoire de la philosophie européenne. 5. éd. Paris 1896.

Wehofer[1] haben dann das Wort von der philosophia perennis mit Nachdruck wiederholt. Die Erneuerung der aristotelisch-thomistischen Studien durch Leo XIII. hat diese Auffassung von einer »festen, befriedigenden und kraftvollen Philosophie«,[2] wie sie in der ununterbrochenen Ueberlieferung niedergelegt ist, in die weitesten Kreise getragen. Otto Willmann[3] bringt endlich in seiner dreibändigen »Geschichte des Idealismus« den sachlichen Nachweis für den Bestand der immerwährenden Philosophie, deren Geschichtsschreiber er genannt zu werden verdient, und zu der er sich selber bekannt hat, weshalb er als ihr jüngster Zeuge hier aufgerufen werden muss: »Die echte philosophia perennis, welche mit den Weisen anhebt, die Phythagoras als die alten verehrte, und im griechischen und christlichen Idealismus sich hinbreitete, entstammt aber einem erleuchteten Bedürfnisse der Menschennatur, und ihre Dauer ist nicht eine Absonderlichkeit, sondern in der Sache begründet. Ihr Fortschritt ist kein Vegetiren, sondern ein Leben und Wirken, jene Abfolge von Weisen und Denkern hat an der Geschichte des Geisteslebens mitgearbeitet, die Last der Geschichte ertragen, ihre Unbilden überstanden.«

## § 3. Die Merkmale der immerwährenden Philosophie.

1. Die Philosophiegeschichte hat uns die Reihe der Zeugen für den Bestand der immerwährenden Philosophie vorgeführt. Sie lehrt uns, wie zu allen Zeiten an der Prüfung und Verschmelzung der Gedanken gearbeitet worden ist. Sie kann uns zeigen, wo jener bleibende Wahrheitsgehalt zu suchen ist, und wie die immerwährende Philosophie ihn ausgestaltet hat. Sie muss uns durch ihre Erfahrungen auch belehren, unter welchen Bedingungen jene Philosophie überhaupt zu Stande kommt, und uns dadurch sichere Kennzeichen verschaffen, an denen

[1] Thomas Wehofer: Wege, Abwege, Irrwege: Jahrbuch für Philosophie und speculative Theologie. 1896, X. Bd., S. 391 f.

[2] Leo XIII.: Encyclica Aeterni Patris. 4. August 1879. (Rundschreiben, Freiburg, Herder, p. 41.)

[3] O. Willmann: Geschichte des Idealismus. II, 540. Vgl. II, 550 III, 736. Ueber Willmanns Werk vgl. Revue Néo-Scolastique. 1896, vol. 3. p. 113. Jahrbuch für Philosophie und speculative Theologie. 1895, Bd. IX, S. 500; 1997, XI. Bd., S. 252.

wir die wahre Philosophie von allen Truggestalten, die sich für die echte ausgeben, mit Sicherheit und Leichtigkeit unterscheiden können. An diesen Kriterien werden wir zugleich erkennen, wer die Lehrer der immerwährenden Philosophie sind, damit wir von ihnen lernen.

Unter Philosophiegeschichte, im subjectiven Sinne,[1] verstehen wir aber mehr als ein noch so ausführliches Verzeichniss der einzelnen Philosophen und ihrer Systeme. Die Feststellung des Thatbestandes auf kritischem Wege mit Benützung aller Mittel, welche die moderne Forschung ersonnen hat, ist nur Vorbedingung und Vorbereitung für die eigentliche Philosophiegeschichte, deren letzter Zweck in einer objectiven Beurtheilung der Philosophen und ihrer Systeme zu suchen ist. Dieser Zweck fällt also selbst unter die Philosophie. Derselbe wird sich aber bei der modernen Behandlung der Philosophiegeschichte niemals erreichen lassen, so lange man für die Kritik keine festen Principien anerkennt, die selbst philosophisch gewiss sein müssen. Sehr treffend hat Gideon Spicker, dessen Standpunkt wir nicht theilen, in seinem neuesten Werk diesen Zustand geschildert: »Niemals wurde das Studium der Geschichte mit regerem Eifer betrieben, als gerade in neuester Zeit; und doch herrschte selten eine grössere Verworrenheit hinsichtlich des Wesens und der Aufgabe der Philosophie. Der tiefere Grund für diese auffallende und sich widersprechende Erscheinung kann nur in der einseitig empirischen Richtung gesucht und gefunden werden. Was der speculative Geist von jeher anstrebte, ist uns in der Hauptsache bekannt; aber wir können uns von der relativen Wahrheit früherer Standpunkte und Principien nicht überzeugen; wir wandeln durch die Geschichte wie über einen Friedhof, halten die Systeme für Gräber und die hinterlassenen Werke für Leichensteine, die uns blos noch berichten, wer da unten begraben liegt. Das ist die empirische Auffassung der Metaphysik, zu der sich alle bekennen müssen, die Speculation und Metaphysik für Unsinn, Aberglauben, oder wenigstens für einen Irrthum erklären.«[2]

---

[1] Vgl. Thomas Wehofer: Wege, Abwege, Irrwege. Principielle Bemerkungen zur neuesten philosophiegeschichtlichen Literatur. Jahrbuch für Philosophie und speculative Theologie. 1896, X. Bd., S. 385 ff.

[2] Gideon Spicker: Der Kampf zweier Weltanschauungen. Stuttgart 1898, S. 17.

Eine ganz voraussetzungslose Geschichte der Philosophie würde ihren naturgemässen Zweck vollständig verfehlen; sie würde überhaupt nicht gelingen, weil der Geschichtsschreiber selbst sich niemals aller Voraussetzungen entledigen kann und schon bei der Sammlung und Feststellung des Thatsächlichen seine persönliche Auffassung und Denkrichtung nicht verleugnen würde. Wir müssen daher beispielsweise die Auffassung Falckenberg's, dessen Leistungen in der Darstellung der einzelnen Philosophen wir gerne als sehr bedeutend anerkennen, und den wir hier als den typischen Vertreter einer modernen Behandlungsweise nennen, als principiell unrichtig abweisen. Für ihn gibt es nur relative Wahrheiten, jedes System ist einseitig: die Geschichte der Philosophie ist die Philosophie der Menschheit, die einer umfassenden Gesammtwahrheit entgegenreift. Wie wenig aber diese Gesammtwahrheit Wahres enthält, ausser der Hegel'schen Unwahrheit von der Identität des Widerspruches, verrathen seine eigenen Worte: »Für die energische Mitarbeit an der Weiterbewegung der Philosophie ist die Täuschung unentbehrlich, als werde eben jetzt die Göttin Wahrheit den Schleier lüften, der sie Jahrhunderte lang verhüllt; der Historiker dagegen sieht im neuen Systeme nur einen neuen Stein, der, wohlbehauen und an seinem Orte zu den anderen gefügt, die Pyramide des Wissens in die Höhe führen hilft. Hegel's Lehre von der Nothwendigkeit und der treibenden Kraft des Widerspruchs, von der relativen Berechtigung der Standpunkte aus der planvollen Entwicklung der Speculation ist als allgemeiner Gesichtspunkt eine grosse und unverlierbare Errungenschaft und braucht nur in der Anwendung vor engherziger Schulmeisterschablone bewahrt zu werden, um einen sicheren Rahmen für die philosophie-historische Betrachtung abzugeben.«[1] Nein, das ist der Verzicht auf die Wahrheit und die Kanonisirung des Irrthums, es ist ebenso falsch wie der principlose Historismus.[2]

Auch die Vereinigung des historischen mit dem kritischen Standpunkte genügt allein noch nicht, wie wir leicht an der Auffassung Kuno Fischer's zeigen könnten, der im Wesentlichen

[1] Falckenberg: Geschichte der neueren Philosophie. 2. Auflage, Leipzig 1893, S. 1 ff.

[2] Vgl. Willmann: Geschichte des Idealismus. III. Bd., § 113, S. 679 ff.; § 117, S. 784 ff.

mit Falckenberg's Ansicht übereinstimmt. Er sagt so: »Erst dann sieht man die Geschichte der Philosophie im richtigen Lichte, wenn man in ihr den Entwicklungsgang erkennt, in welchem die nothwendigen Probleme der Menschheit mit aller Deutlichkeit bestimmt und so gelöst werden, dass aus jeder Lösung in fortschreitender Ordnung immer neue und tiefere Probleme entspringen.«[1] Hier fehlt der Entwicklung das Ziel und die Spitze und damit nothwendig auch die Richtung auf das Ziel, mit anderen Worten: selbst die Möglichkeit. Denn eine ziellose Entwicklung nothwendiger Probleme enthält schon einen inneren Widerspruch; und in der Auffassung dieses Geschichtsschreibers ist und bleibt die Philosophie und ihre Geschichte ein endloses und damit unlösbares Problem: in diesem Falle hört aber die Philosophie als Wissenschaft auf und damit offenbar auch ihre Geschichte.

Ebenso wie wir in der Geschichte, dem Nacheinander der menschlichen Thaten oder der Reihenfolge ihrer Schichten, einen ursächlichen Zusammenhang suchen und ihn in der geschichtlichen Darstellung in logischer Reihenfolge wiedergeben müssen, soll es auch in der Philosophiegeschichte gehalten werden. Wie in den Einzelnheiten der Geschichte nach einem Plane zu suchen ist, der freilich erst vom Standpunkte der Weltleitung ganz erkannt wird, soweit diese uns von Gott kundgemacht ist, dessen Vorsehung auch die freien Ursachen in ihrer Freiheit dirigirt; so müssen wir auch in der Philosophiegeschichte Wahrheit und Irrthum zu scheiden wissen und eine oberste Wahrheit annehmen, die als Norm für alles Andere gilt. Für das Dasein der ersten objectiven Wahrheit erbringt aber die Philosophie selbst den wissenschaftlichen und zwingenden Beweis. Der Irrthum an sich kann dagegen nicht das Princip der Philosophiegeschichte sein, weil er selbst nur unter der Voraussetzung einer anderen Wahrheit als ein Mangel an derselben vorkommen kann; weil ferner dieses Fehlen als solches noch nichts producirt, und endlich weil jeder Irrthum den Mangel einer Ordnung besagt und deshalb nicht der Grund für eine planmässige Entwicklung werden kann.

2. Untersuchen wir jetzt die Bedingungen, welche an die Philosophie gestellt werden müssen, damit sie den bleibenden

[1] Kuno Fischer: Geschichte der neueren Philosophie, S. 14.

und beständigen Charakter hat, den wir durch den Namen Philosophia perennis ausdrücken, und die für uns zugleich die Merkmale sind, an denen wir jene Philosophie erkennen und von jeder falschen Philosophie unterscheiden können; so ist nach dem eben Gesagten das erste und wesentlichste Merkmal die Wahrheit. Alle übrigen Kriterien sind nur Folgen dieses ersten Merkmals und schon in seiner Tragweite als Eigenschaften desselben miteingeschlossen.

Zweck der Philosophie ist die Erforschung der Wahrheit, das heisst die wirkliche Auffindung derselben, aber nicht das blosse Suchen danach: denn das befriedigt nicht die natürliche Anlage und das natürliche Verlangen des Menschen. Ein beständiges Suchen nach Wahrheit ohne die Möglichkeit und Garantie eines finalen Abschlusses würde das Suchen und Forschen zwecklos und damit widersinnig, unvernünftig, unmenschlich und damit die Philosophie selbst als Wissenschaft unmöglich machen. Wenn Philosophie wirklich Philosophie sein soll, als wahre Wissenschaft, so muss sie ihr Object, worauf sie sich allein richtet, und welches sie allein unter allen anderen Wissenschäften erfasst, auch wirklich erreichen können. In seiner Allgemeinheit ist dieses Object aber kein anderes als die Wahrheit selbst. Mag man nun die Philosophie mehr oder weniger genau definiren, wenn man daran festhält, dass sie die höchste Erkenntniss vermittelt, so kann sie nur die mit Gewissheit und Evidenz verbundene Erkenntniss der Wahrheit bezwecken. Das blosse Streben nach Wahrheit ist nicht die Wahrheit selbst, wie sie wirklich ist. Die Philosophie muss daher die Wahrheit oder die Wahrheiten, die wirklich in den Dingen begründet sind, anerkennen. Nach dem, was man allgemein unter Wahrheit versteht, muss die richtige Philosophie, die auf diesen Namen Anspruch erheben will, uns eine Erkenntniss von dem, was ist, in der Weise vermitteln, dass eine Gleichförmigkeit unseres Denkens mit dem, was ist, zu Stande kommt. Und wenn diese Gleichförmigkeit auf objectiver Grundlage hergestellt ist, so ist sie eben die gewonnene Wahrheit in unserem Erkenntnissvermögen, in uns selbst. Diese Wahrheit ist ferner etwas festes, was nicht anders sein kann. Denn das Bedürfniss nach Wahrheit ist der menschlichen Natur ureigen: es gehört zum denkenden Menschen, und niemals verzichtet er ganz auf die Befriedigung desselben. Ein natürliches nothwendiges Streben, was ebenso naturgemäss nicht ausführbar wäre und kein wirkliches Ziel hätte, ist undenkbar. Die Ueberzeugung von der Möglichkeit einer Wahrheitserkenntniss begleitet daher den Menschen auch im praktischen Leben, es geht ein in den socialen Verkehr mit anderen, es wirkt in der Familie, in der wirthschaftlichen Gesellschaft, im politischen Leben, ebenso wie es alle Wissenschaften hervorbringt, erhält und leitet. Selbst der philosophische Zweifler sucht nach Erkenntniss und Begründung seines Zweifels, stellt einen Massstab dafür auf, das heisst, er glaubt, darin eine Wahrheit gefunden zu haben.

Also muss die Philosophie ewige unveränderliche Wahrheiten anerkennen. Eine Philosophie, welche alle Wahrheit leugnet oder keine anerkennen will, und kein Wahrheitsresultat positiv darbietet oder principiell darauf verzichtet, wie es die skeptischen Systeme thun, zerstört sich selbst. Eine feste Wahrheit setzt aber ein festes Sein voraus, was wir uns innerlich im Denken aneignen. Ohne einen solchen festen, von unserem Denken unabhängigen Wirklichkeitsgehalt würden wir nie aus dem Flusse, von dem wir fortgerissen werden, auftauchen und uns an der logischen Wahrheit festhalten können. Ohne eine erste Wahrheit und eine erste Wirklichkeit, die beide fest und unwandelbar sind, ist überhaupt keine logische Wahrheit, keine Wissenschaft möglich: mit anderen Worten: ohne Gott kann es auch keine Wahrheit geben. Der Pantheismus hat eben deshalb keine feste Wahrheit:[1] also ist die einzige vernunftmässige Philosophie die theistische. Darum sagt Thomas von Aquino: »Die Wahrheit ist etwas Göttliches. In Gott nämlich findet sie sich zuerst und hauptsächlich, und deshalb gilt es als unverbrüchlich, die Wahrheit höher zu schätzen als menschliche Freunde. Dem entspricht auch der Satz Plato's, der, indem er die Meinung seines Lehrers Sokrates verwarf, sagte: »Man muss sich mehr um die Wahrheit kümmern, als um irgend etwas Anderes.« Und anderswo sagt er: »Ein Freund ist mir zwar Sokrates, aber die Wahrheit ist mir mehr befreundet.«[2] In dieser richtigen Erkenntniss stellte Augustinus

---

[1] Vgl. L. Brunschvicg: Spiritualisme et sens commun: Révue de Métaphysique et de Morale. Vième année, Septembre 1897, p. 531 sq.

[2] Thomas Aq.: Opusc. super Boet. de Trin. q. 2 a. 3 ad 8. Ethic. 1 L. 6. De coelo 1 L. 22. Phys. 8 L. 3.

das Kriterium für die philosophischen Schulen auf: »Je besser ihre Ansichten über den einen Gott sind, der Himmel und Erde erschaffen hat, desto mehr Ruhm und Bedeutung haben sie als die übrigen.«[1]

Die wahre Philosophie muss daher auf wahren Principien begründet sein. Sie muss von den obersten, allgemein anerkannten Principien ausgehen, wie es z. B. in der logischen Ordnung das Princip des Widerspruchs und des ausgeschlossenen Dritten sind. Diese ersten Principien sind leicht erkennbare und allgemein zugestandene Wahrheiten, die auch dem gesunden Menschenverstande, der natürlichen Logik eigen sind und darum auch eine Macht im Leben wie in der Wissenschaft ausüben, der sich Niemand entziehen kann. Ihre philosophisch-wissenschaftliche Formulirung mag schwierig sein: ihr Inhalt ist klar und einleuchtend. Wir können daher das Kriterium auch so fassen: die wahre Philosophie darf niemals gegen den gesunden Menschenverstand verstossen. Ferner muss die Philosophie, um wahr zu sein, auch die Thatsachen nehmen, wie sie sind, und darf ihre Wahrheit niemals leugnen. Sie darf aber auch nicht auf ihre Erklärung verzichten und kann nur eine solche zulassen, die den obersten Principien nicht widerspricht. Jedes System, welches die Principien leugnet oder in Frage stellt, wie das Hegel'sche, kann daher nicht wahrhaft philosophisch genannt werden, wenn es auch viele einzelne Wahrheiten bestehen lässt.

Zum eisernen Bestandtheile der immerwährenden Philosophie gehören daher zunächst die obersten Principien und Alles, was unmittelbar aus ihnen folgt, und was allgemein und leicht aus ihnen mit logischer Denknothwendigkeit hergeleitet werden kann. Solche auf thatsächlicher Beobachtung ruhende und an den Principien gemessene Wahrheiten, wie der Unterschied zwischen lebenden und nichtlebendigen und zwischen organischen und unorganischen Wesen, zwischen sinnlicher und übersinnlicher oder geistiger Erkenntniss, zwischen dem organischen Menschenleibe und der Seele als einem höheren Princip der menschlichen Lebenserscheinungen, und ebenso ein Dualismus von Stoff- und Kraftprincip in einer wesentlichen Einheit als Erklärung für die Körperwelt, ferner die Zweckordnung der

[1] Augustinus: De civ. Dei, 8, 13.

Welt, die ursächliche Verkettung der Dinge und ihre Zurückführung auf eine erste, ausser- und überweltliche Ursache, alles dieses sind Wahrheiten der immerwährenden Philosophie. Endlich gehört dazu die Anerkennung freien menschlichen Handelns mit Selbstbestimmung von Zwecken, der Gesetzesbegriff, der Unterschied von Gut und Böse, von Recht und Unrecht, die Verantwortlichkeit und die Unsterblichkeit des höheren Bestandtheils im Menschen.

Endlich kommt ausser den Principien auch die Methode in Frage. Für jede wahre Wissenschaft, also auch für die Philosophie, gilt die Anforderung, dass ihre Methode richtig sei, nämlich der Weg, den das fortschreitende Denken bei der Erfindung der Wahrheit einhält. Dieser richtige Weg ist aber nicht der einer subjectiven willkürlichen Construction, also nicht die dialektische Methode, sondern die syllogistische strenge Beweisführung, die allein zu apodiktischen Wahrheiten führt. Dieser Weg des Denkens entspricht auch allein dem natürlichen Vorgange, den der gesunde Menschenverstand im Gebiete der ihm zugänglichen Erkenntniss von selber macht, ohne dass dieser logische Denkvorgang immer ausführlich in der sprachlichen Gedankenvermittlung nachgebildet zu werden braucht. Diese Methode geht von evidenten Principien aus, welche theils schon allgemein erkannt und anerkannt sind, theils inductiv aus der Erfahrung und Beobachtung der Thatsachen gewonnen werden, und leitet ihre Resultate mit zwingender Nothwendigkeit schlussfolgernd her. Dabei kann es übrigens nicht darauf ankommen, wie die philosophischen Resultate gefunden sind, sondern nur, wie sie begründet oder bewiesen werden. In dieser Forderung liegt aber gerade die berechtigte Selbständigkeit der Philosophie anderen Wissenschaften gegenüber, und dadurch gewinnt sie die Sicherheit und Glaubwürdigkeit für ihre Sätze, um jeden Zweifel und alle Einwendungen des Gegners zu widerlegen.

Das erste Merkmal der wahren Philosophie besagt endlich noch etwas Neues, nämlich die Einheit der gefundenen Wahrheiten. Es verlangt, dass eine Philosophie nicht blos einige Wahrheiten enthält, sondern dass sie dieselben untereinander zu einem Wahrheitscomplex innerlich vereinigt. Die einzelnen Sätze dürfen einander nicht widersprechen, sondern müssen in eine zusammenhängende Ordnung gebracht sein, so dass daraus ein einheitliches System oder ein Ganzes nach einem Gusse gebildet werden kann. Systeme, denen die innere Einheit fehlt, werden deshalb nicht zur immerwährenden Philosophie gezählt werden dürfen. Die Forderung der Systembildung führt uns aber zum zweiten Merkmal der wahren Philosophie.

3. Das zweite Merkmal der immerwährenden Philosophie ist der Fortschritt,[1] aber nicht jeder beliebige, sondern nur der Fortschritt in der Wahrheit. Jede Wissenschaft kommt nur allmälig durch die Beiträge der einzelnen Forscher zu Stande: und dieses Gesetz gilt auch für die Philosophie. Aristoteles[2] und Thomas von Aquino[3] haben es längst ausgesprochen und sich dadurch mehr als genügend vor dem Verdachte geschützt, dass sie ihre Systeme für die vollendete und absolute Form der Philosophie ausgeben wollten. Thomas sagt: »Die alten Philosophen kamen nur allmälig und gleichsam Schritt für Schritt zur Erkenntniss der Wahrheit.«[4] »Es liegt in der Natur der menschlichen Vernunft, dass sie stufenweise vom Unvollkommenen zum Vollkommenen vorgeht. Darum sehen wir in den speculativen Wissenschaften, dass diejenigen, die zuerst philosophirt haben, manches Unvollkommene überlieferten, was nachher durch die Späteren in mehr vollkommener Weise überliefert wurde.«[5] Und er

---

[1] Ueber die Geschichte des Begriffes Fortschritt vgl. R. Flint: History of the Philosophy of History. Edinburgh and London 1893, pag. 87 u. 99. Léon Maury: Essai sur les origines de l'idée de progrès. Nimes 1890. Siebeck: Ueber die Lehren vom genetischen Fortschritte der Menschheit. Giessen 1892.

[2] Aristot.: Met. 2 (1 min.) princ.

[3] Thom. Aq.: Met. 2 L. 1: Licet id, quod unus homo potest immittere vel apponere ad cognitionem veritatis suo studio et ingenio, sit aliquid parvum per comparationem ad totam considerationem veritatis, tamen illud, quod aggregatur ex omnibus exquisitis et collectis fit aliquid magnum; ut potest apparere in singulis artibus, quae per diversorum studia et ingenia ad mirabile incrementum pervenerunt.

[4] Thom. Aq.: Sum. th. I q. 44 a. 2 c.: Antiqui philosophi paulatim et quasi pedetentim intraverunt in cognitionem veritatis. Vgl. A. Villard: La recherche du premier principe dans les écoles philosophiques de la Grèce: Revue Thomiste, v. I Mai 1893, pag. 222 s.

[5] Thom. Aq.: Sum. th. I. II q. 97 a. 1 c.: Humanae rationi naturale esse videtur, ut gradatim ab imperfecto ad perfectum perveniat. Unde videmus in scientiis speculativis, quod qui primo philosophati sunt, quaedam imperfecte tradiderunt, quae postmodum per posteriores sunt tradita magis perfecte.

erklärt dieses Gesetz näher, indem er es tiefer begründet: »Zur Natur des Menschen gehört es, dass er die Vernunft zur Erkenntniss der Wahrheit gebraucht. Es ist aber der Vernunft eigen, dass sie die Wahrheit nicht sofort erfasst: und darum kann der Mensch nur allmälig in der Erkenntniss der Wahrheit Fortschritte machen... Und Aristoteles sagt, dass bei solchen Dingen, die sich den Grundzügen nach beschreiben lassen, die Zeit gleichsam ein Miterfinder oder ein guter Mitarbeiter sei: nicht zwar so, als ob die Zeit an und für sich etwas dabei bewirkte, sondern in Bezug auf Alles, was in der Zeit geschieht. Wenn nämlich Jemand sich eine Zeit lang Mühe gegeben hat, die Wahrheit zu erforschen, so wird er bei der Erfindung der Wahrheit von der Zeit unterstützt: und das ist sowohl der Fall, wenn ein und derselbe Mensch das, was er vorher nicht eingesehen hatte, später einsieht, als auch bei verschiedenen Menschen, z. B. wenn Jemand das begreift, was von seinen Vorgängern erfunden war, und er etwas, was darüber hinausgeht, hinzufügt. Und auf diese Weise ist der Zuwachs in den Künsten hervorgebracht worden, von denen im Anfang nur etwas Geringes erfunden war, während sie nachher durch verschiedene Forscher allmälig sehr vermehrt wurden, weil es Sache eines Jeden ist, das hinzuzufügen, was an der Speculation seines Vorgängers noch fehlt.«[1] So lehrten die Scholastiker überhaupt.

---

Polit. 3 L. 8: Sic inventae fuerunt artes et scientiae, quia primo unus invenit aliquid et illud tradidit, et forte inordinate: alius post hoc accepit illud et addidit et totum tradidit, et magis ordinate; et sic consequenter, donec perfecte artes et scientiae inventae sunt. Et manifestum est, quod aliqui aliqua invenerunt, sed omnes simul omnia: et manifestum est, quod plus est et perfectius illud, quod omnes invenerunt, quam illud, quod quilibet per se.

[1] Thom. Aq.: Ethic. 1 L. 11: Ad hominis enim naturam pertinet ratione uti ad veritatis cognitionem. Rationis autem proprium est non statim apprehendere veritatem: et ideo ad hominem pertinet paulatim in cognitione veritatis proficere... Et dicit (Aristoteles) quod eorum, quae bene se habent ad aliquid circumscribendum, videtur tempus esse quasi adinventor vel bonus cooperator: non quidem quod tempus per se ad hoc aliquid operetur, sed secundum ea, quae in tempore aguntur. Si enim aliquis tempore procedente det operam investigandae veritati, iuvatur ex tempore ad veritatem inveniendam, et quantum ad unum et eumdem hominem, qui postea videbit, quod prius non viderat, et etiam quantum ad diversos, utpote cum aliquis intuetur ea, quae sunt a praedecessoribus inventa, et aliquid superaddit. Et per hunc modum facta sunt additamenta in artibus, quarum a principio aliquod

Bonaventura findet einen dreifachen Fortschritt der Wissenschaft: in Bezug auf das Object, wenn etwas Neues erkannt wird; in der Erkenntnissweise, wenn eine Lehre erst durch Autorität und nachher auch durch Vernunftgründe gesichert wird; endlich in Bezug auf die subjective Befähigung, wenn der Eine tiefer eindringt als ein Anderer.[1] Jeder wahre Fortschritt ist also eine geistige Befreiung von der Knechtung, in der uns die Unwissenheit gefangen hält.[2]

Der Fortschritt als allgemeines Gesetz der Wissenschaften muss aber ein wahrer sein: und das ist nicht die blosse Veränderung, sondern die richtige Fortentwicklung in der Einheit, was Vincenz von Lirin so ausdrückt: »Der Fortschritt besteht wesentlich darin, dass jedes Ding in sich selbst erweitert wird; die Veränderung dagegen darin, dass Etwas aus Einem ins Andere übergeht.«[3]

In moderner Fassung können wir diesen Begriff mit den Worten Régéjac's so aussprechen: »Der Fortschritt ist der Zuwachs in der Identität.«[4] Die richtige Erklärung gibt uns Thomas, wenn er sagt: »Lernen ist das Aufkeimenlassen der Wissenschaft. Was aus einem Keime hervorgeht, war Anfangs weder ein Sein im vollkommenen Sinne, noch ein Nichtsein, sondern ein Sein in der Möglichkeit, und die Keimung ist der Uebergang vom unvollkommenen Zustande der Möglichkeit zum vollkommenen Zustande der Wirklichkeit. Was man lernt, das war also weder vollständig bekannt, wie Plato wollte, noch vollständig unbekannt, sondern bekannt in seinen allgemeinen Principien nach einer potentiellen und unvollständigen Erkenntniss; unbekannt in sich selbst nach einer actuellen und vollständigen

modicum fuit adinventum et postmodum per diversos paulatim profecit in magna quantitate, quia ad quemlibet pertinet superaddere id, quod deficit in consideratione praedecessorum.

[1] Albertus M.: Met. 1 tr. 3 c. 1. Bonaventura: Sent. 2 D. 23 a. 2 q. 1.

[2] Dom Laurent Janssens: Revue Bénedictine, 14. année, 1897 oct., p. 449: Tout progrès véritable consiste dans une manifestation, une irradiation, une conquête quelconque de la vérité. L'ignorance, c'est la servitude; la vérité, le liberateur.

[3] Vincentius Lirin.: Commonitor. c. 28: ad profectum pertinet, ut in semetipsam unaquaeque res amplificetur; ad permutationem vero, ut aliquid ex alio in aliud transvertatur.

[4] Régéjac: Essai sur les fondements de la connaissance mystique. p. 103.

Erkenntniss. Lernen also ist das: Uebergehen von der potentiellen allgemeinen Erkenntniss zur actuellen besonderen Erkenntniss.«[1]

Die Natur des Fortschritts ist aber nur nach der Natur des Subjects, welches im Fortschritt begriffen ist, zu ermessen, nicht aber nach äusseren Umständen. Bei der Philosophie werden wir daher den Fortschritt nur aus ihrem inneren Zweck bestimmen dürfen, nämlich aus der Erkenntniss der Wahrheit. Nur in dieser Richtung, in dem Zuwachs an objectiver und gesicherter Wahrheitserkenntniss auf Grund zwingender Beweisführung kann daher von einem Fortschritt der Philosophie die Rede sein.

Derselbe muss sich einmal in der Erhaltung der absoluten Wahrheiten zeigen, welche das Resultat der vorausgegangenen Entwicklung sind; und zweitens in der allmäligen Vervollkommnung jener Wahrheiten, die entweder deutlicher werden oder eine grössere Gewissheit oder endlich einen grösseren Umfang erhalten können.[2]

Dieser Fortschritt aber ist dann selbst ein bedeutsames Merkmal der wahren Philosophie. Die Erkenntniss der Wahrheit dient eben zur Vervollkommnung des Menschen. Der Fortschritt in der Philosophie kann daher, wenn er wahr ist, nur zur weiteren wirklichen Vervollkommnung der Menschen, gemäss der geistigen und vernünftigen Natur desselben, führen. Es muss also ein intellectueller und moralischer Fortschritt sein: ein Fortschritt zur besseren Erkenntniss der Wahrheit, sowohl durch die grössere Fülle der zu erkennenden neuen Wahrheiten, wie durch das tiefere Verständniss der alten allgemeinen Wahr-

[1] Thom. Aq.: Anal. post. 1 L. 3: Addiscere enim proprie est scientiam in aliquo generari. Quod autem generatur, ante generationem non fuit omnino ens, sed quodammodo ens et quodammodo non ens: ens quidem in potentia, non ens vero actu. Et hoc est generari: reduci de potentia in actum. Unde nec id, quod quis addiscit, erat omnino prius notum, ut Plato posuit, nec omnino ignotum, ut secundum solutionem supra improbatam ponebatur. Sed erat notum potentia sive virtute in principiis praecognitis universalibus, ignotum autem actu secundum propriam cognitionem. Et hoc est addiscere: reduci de cognitione potentiali seu virtuali aut universali in cognitionem propriam et actualem.

[2] Zigliara: Propaedeutica, lib. 3, c. 21 n. XII, p. 330. Cf. Thom. Aq., Sum. th. II. II q. 1 a. 7.

heiten und ihre Verwerthung für das ethische Leben des Einzelnen wie der Gesellschaft. Bei blos relativen Wahrheiten kann darum von Fortschritt keine Rede sein. Der Irrthum ist der Wahrheit entgegengesetzt und hebt sie auf. Eine Weiterentwicklung des Irrthums in seinen verschiedenen Phasen ist an sich gar kein Fortschritt, sondern ein Rückschritt. Und nur indirect oder in gewisser Hinsicht kann dabei ein Fortschritt gefunden werden, insofern dadurch der Irrthum selbst klarer hervortritt, und deshalb die Wahrheit leichter und deutlicher gefunden oder durch die gelungene Widerlegung des Irrthums gewissermassen gezwungen wird, sich deutlich zu zeigen.

In jedem Irrthum steckt nämlich ein Körnchen Wahrheit. Die Wahrheit aber ist der Natur nach das Frühere, ebenso wie die Bejahung der Verneinung vorausgeht. So kann ein Irrthum nur unter Voraussetzung einer Wahrheit entstehen, und er ist der Mangel voller Wahrheit, der eben jener Wahrheit noch anhaftet. So liegt sicher jedem falschen Systeme irgend ein Wahrheitskern zu Grunde, der sich aus ihm herausschälen lässt. Der Pantheismus z. B. enthält die Anerkennung eines transcendentalen Wesens und damit des Daseins Gottes: der Irrthum liegt nur in der falschen Vorstellung von der Beschaffenheit Gottes, in der Verwechslung der Wirkungen mit der Ursache, der Welt mit ihrem Urheber. So bieten daher alle Systeme als Erkenntnissversuche selbst in ihren Mängeln, Fehlern, Irrthümern doch noch ein Residuum von Wahrheit dar, welches sich aus ihnen erheben lässt. Ferner können wir aus der Vergleichung solcher Systeme und aus der Erkenntniss ihrer falschen Lösungsversuche doch den Weg zur richtigen Lösung der Probleme, die wir durch diese Einsicht selbst richtiger gestellt haben, oftmals leichter finden. Das ist der Weg, den Aristoteles und die Scholastiker, vor allem Thomas selbst, durch ihre Aporien mit glücklichem Erfolg beschritten haben. In diesem Sinne, aber auch nur in diesem beschränkten Sinne, kann man sich die Theorie von einem relativen Wahrheitsgehalte allenfalls noch gefallen lassen.[1] Allein diese Entwicklung des Irrthums ist nicht der Fortschritt selbst, der nur ein Fortschritt in der Wahrheit sein kann.

[1] Vgl. Glossner: Jahrbuch für Philosophie und speculative Theologie 1888, II. Bd., S. 517.

Das Kennzeichen der wahren Philosophie ist also nur der Fortschritt in der Vermehrung der sicheren Wahrheit selbst. Von der immerwährenden Philosophie ist daher Alles und Jedes ausgeschlossen, was diesem Fortschritt widerspricht und einen Irrthum enthält. Denn nicht nur in der intellectuellen Erkenntniss muss die Philosophie fortschreiten, sondern sie muss durch ihre Erkenntniss auch den Menschen in sittlicher und religiöser Beziehung vervollkommnen, d. h. durch Tugend besser machen und ihn näher zu Gott, der obersten Wahrheit und dem höchsten Gute, hinführen und ihn fester und inniger mit seinem Urheber und seinem letzten Zwecke vereinigen. Daher gehört zum wahren Fortschritte der Philosophie stets die reinere Religion, die dem totalen Abhängigkeitsverhältnisse des Geschöpfes zu seinem Schöpfer mehr gerecht wird. Der Rationalismus und die Aufklärungsphilosophie, sowie der Kant'sche Kriticismus, der sogar das Dasein Gottes für die speculative Vernunft zweifelhaft macht, ferner die Systeme, welche die Religion blos auf das Gefühl basiren, endlich der Agnosticismus bezeichnen daher alle einen Rückschritt ebenso wie der Dualismus, Polytheismus, Anthropomorphismus, Monismus, Panentheismus u. s. w. Der wahre philosophische Fortschritt kann nur in der Richtung des Theismus liegen und wird um so grösser, je mehr die Universalität und Alles durchdringende Wirksamkeit der ersten Ursache gegenüber den secundären Ursachen zur Erkenntniss gebracht wird. Er liegt da, wo der Monotheismus als das System der göttlichen absoluten Weltmonarchie deutlich sich entfaltet, und wo das Dasein einer Welt von göttlichen, übernatürlichen, geheimnissvollen Wahrheiten eingesehen wird, also in der Anerkennung der Möglichkeit einer göttlichen Offenbarung.

4. Wenn der Fortschritt in der Wahrheit nur in ihrer Einheit möglich ist, in der consequenten Entwicklung neuer Wahrheiten aus einem Princip, so ergibt sich daraus sofort das dritte Merkmal der wahren Philosophie: die Continuität,[1] der stetige Fortschritt in der Wahrheit. Die einmal gefundenen

[1] Flint: History of the Philosophy of History, p. 104: Progress implies continuity, and continuity unity. In order to be progress there must be something, which progresses; for progress is an attribute, not an abstraction, and that something must remain itself under all the phases which it assumes . . .

Wahrheiten dürfen nicht wieder in Zweifel gezogen oder gar geleugnet werden. Der Fortgang zur neuen Wahrheit muss folgerecht, Schritt für Schritt aus der Einheit der Principien hergeleitet werden, so dass die Einheitlichkeit des Systems stärker wird. Die philosophische Tradition der festen Wahrheiten, die sicher bewiesen sind, darf nicht unterbrochen werden. Die Philosophie kann nicht von Neuem anfangen; wenn sie das versucht, hebt sie sich selbst auf, denn sie leugnet dann mit dem Vorhandensein ewiger unwandelbarer Wahrheiten ihre eigenste Möglichkeit und Berechtigung als Wissenschaft. Deswegen hat auch das hohe Alter der gefundenen sicheren Wahrheiten schon die Bedeutung eines Kennzeichens für ihren inneren Werth; und deswegen ist auch die Autorität der philosophischen Tradition, die zwar keine Quelle der Philosophie ist, weil sie an sich nicht den strengen Vernunftbeweis der Wahrheit ersetzen kann, doch als Directive von höherem pädagogischen Werthe für die Philosophie. Der Verachtung oder Geringschätzung der Tradition und ihrer Autorität liegt stets subjective Willkür zu Grunde, die im letzten Grunde aus beschränkter Eitelkeit und aus Hochmuth entspringt. Diese menschlichen Leidenschaften, welche den Verstand trüben, sind aber an und für sich eine Quelle des Irrthums, aber nicht der Wahrheit. In der Tradition ist gerade das Alte auch das Feste und Bleibende.

Die Continuität im Fortschritte ist der wahren Philosophie nothwendig eigen, weil die erkannten Wahrheiten ihrer Natur nach als allgemeine Wahrheiten eine Fülle von besonderen Wahrheiten in sich enthalten, zu deren ausdrücklicher Erkenntniss der menschliche Geist Schritt für Schritt fortschreiten muss. Der Irrthum dagegen hat keine Ordnung, deshalb auch keine Einheit und kein festes System, welches einer stetigen Entwicklung fähig wäre. Er ist ein Mangel der Gedankenordnung, es fehlt ihm das Rita, das rechte Mass und der rechte Weg: sein Sinnbild ist daher das vedische Nirriti, die Bezeichnung für die chaotische Hölle, »ubi nullus ordo«, wie sie im Buche Job beschrieben wird. Eine systematische stetige Fortentwicklung ist dabei nicht möglich, sondern nur eine sprungweise, principlose Aenderung, ein immerwährendes Neuanfangen und Neuversuchen. Aber in der Richtung, die der Wahrheit entgegengesetzt ist, liegt auch im Irrthum eine Consequenz und somit eine Entwicklungsfähigkeit, die aber kein Fortschritt in der Wahrheit ist, und deren Stetigkeit nur in der Negation der principiellen Wahrheit liegt, die zuerst verfehlt wurde: error in principio parvus fit magnus in fine. So entwickelt sich der ursprüngliche Irrthum zu grösseren Irrthümern in absteigender Linie, und darin liegt jedesmal der Verfall der Philosophie.

Wenn wir die wahre Philosophie an der Continuität ihrer Entwicklung erkennen, so müssen wir desshalb die moderne autonome Philosophie wegen des offenen Bruches mit der Tradition abweisen. Aber auch der Synkretismus und der Eklekticismus kann dieses Kennzeichen der Wahrheit nicht beanspruchen. Der Synkretismus, der heterogene Gedanken unmethodisch und kritiklos verbindet, hat keine principielle Einheit: desshalb fehlt die Basis für einen Fortschritt. J. B. Erdmann gibt ein Beispiel dafür: »Ein Synkretismus wie der Islam, noch dazu ein Reactionsversuch, wie jene Weltanschauung es gegen die christliche ist, trägt keinen Entwicklungskeim in sich. Ebensowenig die Philosophie derer, die sich zum Islam bekennen. Die Bestimmung beider ist, die vorchristlichen Ideen lebendig zu erhalten, damit sie im Conflict mit dem christlichen Geiste diesem zum Sporn und Lebenswecker werden. Nachdem dieses geleistet ist, sterben sie ab.«[1]

Der Synkretismus und falsche Eklekticismus verfährt willkürlich und subjectiv: es fehlt ihm das feste Princip für die Auswahl seiner Sätze und damit die Einheit der Wahrheit. Mag er noch so liebenswürdig, gutgemeint und bescheiden sein: innerlich ist diese subjective und ziellose Bescheidenheit stets mit Stolz verbunden, wenn sie nicht direct aus Beschränktheit hervorgegangen ist. So ist der Eklekticismus als solcher stets ein Zeichen speculativer Schwäche und des Verfalles der Philosophie und trägt den Keim des Irrthums schon in sich. Der Satz: in dubiis libertas findet sich weder bei Augustinus, dem er zugeschrieben wird, noch ist er hier anwendbar; denn zwischen Wahrheit und Irrthum gibt es kein Mittleres, und keine höhere Einheit kann beide umfassen. Diese Einsicht muss auch als unverbrüchliche Norm bei allen Controversen innerhalb der auf die wahren Principien gegründeten Philosophie festgehalten werden.

[1] J. B. Erdmann: Grundriss der Geschichte der Philosophie. I. Bd. 3. Aufl. Berlin 1878. S. 301.

Es gibt aber auch einen Eklekticismus im guten Sinne, welcher der Continuität nicht widerspricht, sondern im Gegentheil aus ihr hervorgeht. In diesem Sinne handelt man, wenn man von festen Principien ausgeht und nach ihrem Massstabe, der consequent festgehalten wird, zielbewusst die homogenen Wahrheiten aus anderen Systemen auswählt, sie ordnet und organisch zur vollkommenen Einheit verbindet: das ist der Weg zur Wahrheit nach dem Princip der Continuität und Einheit.

Nachdem wir die Merkmale der wahren Philosophie erkannt haben, können wir an ihnen auch die Lehrer für die immerwährende Philosophie von den Lehrern des Irrthums leichter unterscheiden. Die Merkmale der wahren Lehrer sind daher zunächst in ihrer Lehre zu suchen: dieselbe muss Wahrheit enthalten, einen wahren Fortschritt in der Erkenntniss, endlich Continuität in der Entwicklung zeigen: darum ist ferner das hohe Alter der Lehre und ihre gleichförmige Ueberlieferung durch lange Zeit hindurch ein Zeichen der inneren Autorität des Lehrers selbst, ebenso wie die allgemeine Anerkennung, die ihm in der Tradition zu Theil geworden ist.

Die persönlichen Merkmale des wahren Lehrers sind dementsprechend: die hohe geistige Begabung, der Scharfsinn, das logische folgerichtige Denken und die strenge Beweisführung, also ein eminentes Wissen, aber verbunden mit einem wahrheitsliebenden, ehrlichen und religiösen wie pietätvollen Charakter, der gleicherweise von Selbstüberschätzung und Hochmuth frei sein und sich auch im Leben als wahrhaft tugendhaft zeigen muss.

II.

# Die Lehrer der immerwährenden Philosophie.

1. Die Geschichte der Philosophie erzählt uns das Suchen und Ringen der Menschheit nach dem Besitze der Wahrheit. So gewiss, wie jeder, der an diesem Kampfe sich betheiligt, sein ganzes Selbst daransetzen und in seinen Denkerfolgen seine eigenste That erkennen muss, so gewiss ist es auch, dass jeder im Zusammenhange mit der Bildung, die ihm sein Land, sein Volk und seine Zeit vermittelt haben, an die Arbeit geht und sie mit einem grösseren oder kleineren Capital, das er ererbt hat, verrichten kann. So ist jeder Philosoph ebensowohl Schüler, wie Lehrer, sei es der Wahrheit oder des Irrthums. Sehen wir aber auf das Ganze der Erkenntniss, die aus der Ueberlieferung der schon gefundenen Wahrheiten und den Originalbeiträgen der Forscher sich ansammelt, so erkennen wir den Fortschritt der Wahrheit in der Beständigkeit und dem Zusammenhange der überlieferten Lehren. In dem Entwicklungsgang, welchen die Geschichte der Philosophie in dieser Continuität genommen hat, ragen vor allen übrigen vier grosse Lehrer hervor, wie sich die höchsten Bergeshäupter über die lang sich dahinstreckende Kette erheben. An ihrer Gedankenarbeit zeigt sich ein Fortschritt, der ohne Unterbrechung des Zusammenhanges sowohl das Irrthümliche der Vorzeit berichtigt, als auch das Mangelnde ergänzt. Darum ist ihr Geisteswerk der Markstein für die Folgezeit geworden. Die Lehrer der immerwährenden Philosophie sind die Evangelisten der Wahrheit. Plato und Aristoteles stehen auf der Höhe des antiken Lebens; ihr Gegenpaar, Augustinus und Thomas, beherrscht die christliche Welt.

Ueber den Primat der beiden Griechen ist kein Zweifel möglich. An Stelle der beiden Kirchenlehrer haben andere freilich die Dioscuren der Neuzeit, Spinoza und Kant, setzen wollen. Allein wir dürfen ihnen nicht huldigen; denn ihr Primat ist nicht allgemein anerkannt, selbst unter denen nicht, die sich von den christlichen Dioscuren abwenden. Auch andere Namen, wie Leibniz und jüngere noch, streiten um diese Ehre. Aber entscheidend ist die Thatsache, dass keiner von allen so fest in die Continuität der Ueberlieferung eingefügt ist, und keiner einen gleichen universalen Einfluss ausgeübt hat, wie jene beiden christlichen Philosophen. Auf den Vorrang von Augustinus und Thomas muss daher die immerwährende Philosophie mit Recht bestehen.

2. Wir werden aber erst dann zum Verständniss dieser Philosophie gelangen, wenn wir einsehen, wie die vier Lehrer trotz ihrer Verschiedenheit dennoch nur ein und dieselbe Botschaft der Wahrheit verkünden, indem sie sich selbst erklären und ergänzen. Um ihre Eigenart zu beschreiben, können wir sie als Baumeister betrachten, die nach dem Plane ihrer Erfindung und mit den Mitteln ihrer Zeit einen Tempel der Wahrheit bauen wollten. Plato errichtete in alterthümlicher Weise auf attischem Boden ein Denkmal für die Weisheit der Vorzeit, die erhabene Pyramide, mit urweltlichen Hieroglyphen geschmückt. Sein jüngerer Zeit- und Volksgenosse, der Stagirite, führte seinen Vernunfttempel in vollendetem Ebenmasse auf, das Wahrzeichen einer hoffnungsvollen Zukunft. Augustinus, wieder zu Plato hingewandt, gründete die christliche Basilika voll ernster Majestät und heiligte dadurch die Grenze der antiken Welt. Der Aquinate führte endlich, mit den von Aristoteles gefundenen Massen messend, im Mittelpunkt der christlichen Welt den himmelanstrebenden gothischen Dom in strenger, aber durchsichtiger Schönheit constructiv auf, an welchem die Gesellen der Bauhütte trotz Wind und Wetter »nach Cirkels Kunst und Gerechtigkeit« ruhig fortgearbeitet haben bis auf den heutigen Tag. In diesem Gleichniss kommt freilich die Continuität der Lehre nicht zum Ausdruck. Besser als durch solche Bilder werden wir die Bedeutung der grossen Lehrer erkennen, wenn wir ihnen näher treten und ihre Lehre im Zusammenhange der geschichtlichen Entwicklung betrachten.

## § 1. Plato.

»At noster Plato agendi pariter et contemplandi artifex hinc inde apud omnes gentes effulsit.«

Nicolaus Liburnus.

1. Plato[1] gibt sich selbst als Schüler des Alterthums aus: seine Lehren seien in den Meinungen der Priester und Dichter begründet. Er weist zurück auf die Aeltesten der Alten. Aristoteles[2] bezeugt von ihm, dass er sich in den meisten Fragen an Pythagoras angeschlossen habe, der ihm die theistische Ideenlehre und den die Ethik schaffenden Gesetzesbegriff überlieferte. Von Heraklit, dem Dunkeln und Vielverkannten, der selbst wie ein Prophet am uralten Heiligthum Asiens, dem Tempel zu Ephesus lebte, nahm er die Ueberlieferung der Mysterienlehre über die irdische Vergänglichkeit an und lernte von ihm, dass die Erkenntniss nicht die sinnlich wahrnehmbaren Dinge in ihrer Veränderlichkeit erfasst. Von Sokrates aber lernte er, dass die Erkenntniss selbst nicht in stetem Flusse begriffen ist, sondern einen festen Denkinhalt von objectiver Giltigkeit besitzt, und dass man nach dem Allgemeinen, welches den Inhalt unserer Definitionen ausmacht, forschen soll. Die Ideenlehre führte er selbst im Theätet auf die Weisen der Vorzeit zurück, die alle der Reihe nach dasselbe gelehrt hätten, und weiter auf die noch älteren Dichter, die aus der Mysterienlehre schöpften. In diesen mystisch-theologischen Ueberlieferungen des alten apollonischen Glaubenskreises liegt die Wurzel seiner eigenen Lehre, durch welche er der Begründer der idealen Weltanschauung und der immerwährende Lehrer und Reformator geworden ist. In der Vereinigung der aus dem Morgenlande stammenden mystischen Gedanken mit den pythagoräischen und sokratischen zu einer Einheit — trotzdem der Guss der Glocke nicht vollkommen gelang, und das Werk noch Fehler zeigte, die den Wohlklang schwächten — ist er der grösste der griechischen Theologen geworden der zuerst die Metaphysik als die »göttliche Philosophie« begründete.

»In Plato's Philosophie«, sagt August Boeckh, »haben die treibenden Wurzeln und Zweige früherer Philosophie sich

[1] Vgl. Willmann: Geschichte des Idealismus. I. Bd., § 24—30, S 366 ff.

[2] Aristoteles: Met. 1, 6, 1—4.

bis zur Blüthe potenzirt, aus der die spätere Frucht langsam heranreift«.[1]

2. Der Kern von Plato's Philosophie ist die Gotteslehre. Die Erkenntnissquelle dafür ist nicht nur die Ueberlieferung, sondern auch die innere Erfahrung des göttlichen Wirkens in der Seele. Aber diese Erfahrung ist nicht etwa die subjective Intuition der falschen Mystiker, sondern die Erleuchtung, die Gott selbst im Verstande des Menschen bewirkt, ähnlich wie auch die christliche Theologie von einer solchen Inspiration, im weiteren Sinne des Wortes, oder von einem göttlichen Antrieb spricht.[2] Den Menschen der Vorzeit wurde die Offenbarung zutheil, dass die göttliche Einheit über den beiden Weltprincipien, der Begrenzung, dem idealen, gestaltenden Princip und dem Unbestimmten, dem stofflichen, empfangenden Princip steht.[3] So ist Plato's Gottesbegriff rein theistisch. Es ist eine alte Offenbarung, dass immer über dem Weltall der Geist (νοῦς) herrscht,[4] und dass Gott Anfang und Ende und Mitte aller Wesen ist.[5] Die Gottheit heisst das Eine und das Gute, der Weltbaumeister, der mit Weisheit und Willen wirkt, der allwaltende König Zeus, in dessen Natur eine königliche Seele und ein königlicher Geist wegen der Kraft der Ursache innewohnt.[6] Die Einheit Gottes ist zwar in der Darstellung nicht vollkommen ausgeführt, aber doch ganz zweifellos erkennbar. Auch der Schöpfungsbegriff und die Unsterblichkeit der Seele ist gesichert.

Durch seine Erkenntnisslehre gelangt Plato zu einer Lösung des Weltproblems. Der doppelten Erkenntniss durch die Sinne und den Verstand entspricht eine zweifache Ordnung des Seins: die Welt der sinnlich wahrnehmbaren Einzeldinge und die Welt der übersinnlichen Ideen. Die Ideen als gedanklicher Inhalt der Allgemeinbegriffe enthalten das bleibende Wesen der Dinge, welches erst das Mass für diesen Gedanken bildet und

---

[1] Philosophische Monatshefte. 1888, I. Bd., S. 282.

[2] Zigliara: Propaedeutica ad s. theologiam. Romae 1884. Lib. 2. c. 1. de divina inspiratione. p. 118.

[3] Plato: Phil. p. 16 C—E. Phaedr. p. 274 C.

[4] Plato: Phil. p. 30 D.

[5] Plato: Leg. IV, p. 715 D: ὁ μὲν δὴ θεὸς, ὥσπερ καὶ ὁ παλαιὸς λόγος, ἀρχήν τε καὶ τελευτὴν καὶ μέσα τῶν ὄντων ἁπάντων ἔχων, εὐθείᾳ περαίνει κατὰ φύσιν περιπορευόμενος.

[6] Plato: Phil. p. 30 D.

dadurch ein festes Wissen begründet; weil sie in ihrem Beharren der Gegenstand unseres Wissens sind. Sie bilden auch das nichtsinnliche Element der Körperwelt. An ihnen haben die Sinnesdinge, die nach ihnen benannt werden, einen Antheil. Sie selbst sind aus dem Einen:[1] sie entstammen aus einer einzigen Idee, dem göttlichen Urbild der Wahrheit und Reinheit, dem intelligiblen Gott, dem Urbild des Alls. »Wie die unter einer Idee stehenden Einzelwesen durch Theilnahme an ihr, so haben alle Ideen durch Theilnahme an der Idee des Guten wahres Sein, so dass sie als die Sonne bezeichnet werden kann, durch welche Alles Wachsthum und Sein hat. Das schlechthin Gute ist das αἴτιον, der Grund und das Princip aller Zwecke. Hält man fest, dass die Ideen Zwecke sind, so sind sie alle dem höchsten Zwecke, dem Guten, als ihrem Princip untergeordnet. Das Gute ist Princip des Alls, weil es Endzweck desselben ist, das Princip allein, der natürlichen wie der sittlichen Weltordnung.«[2]

In dem alten Glauben an den überweltlichen Gott fand Plato die Ursache der Verbindung der Weltprincipien wie des Werdens überhaupt. Die Welt ist daher nur das Nachbild des ewigen göttlichen Gedankens. In der platonischen Darstellung, die gemäss ihrer mystischen Quellen als religiöses Geheimniss in das dichterische Gewand des Mythus gehüllt ist, ist die rein speculative Fassung nicht klar genug geworden. Manchmal erscheint der intelligible Gott dem Weltbaumeister gegenüber selbstständig,[3] tritt aber doch wieder als der königliche Geist des Schöpfers klar hervor.[4] Im Mythus haben die Ideen Leben und Geist und erscheinen als persönliche Wesen. An anderen Stellen erscheinen sie aber nur als die Gedanken Gottes, wie die späteren Platoniker sie geradezu erklärten.

Die Frage, wie der Verstand die Ideen erkennt, hat Plato nur mythisch durch die Annahme der Präexistenz der Seelen zu lösen versucht. Wenn er darin den Irrthum nicht überwinden konnte, so hat er dafür die ethische Bedeutung der

---

[1] Aristoteles: Met. 6, 6, 15.

[2] Erdmann: Grundriss der Geschichte der Philosophie. I. Bd. 3. Auflage. Berlin 1878. S. 90f.

[3] Plato: Conviv. p. 211 A. Tim. p. 27 D. Parm. p. 133 C.

[4] Plato: Tim. p. 28 C, 37 A, 29 E, 92 B.

Ideen klar erkannt. Sie selbst sind Güter; und die Idee des Guten, die Sonne im Ideenreiche, ist selbst das höchste Gut. Weil sie begehrungswürdig sind, wirken sie als Zwecke in der Welt.

Auf solcher Grundlage gelingt ihm auch die Beantwortung des ethischen Problems. Wohl ist ihm die Philosophie die Befreiung von der Sinnlichkeit mit ihren Leidenschaften in der Verinnerlichung des nach Wahrheit forschenden Geistes, und er sucht das Ewige, das Wesenhafte, was uns von aller Nichtigkeit frei macht, und worin allein die Wahrheit, ebenso wie Güte und Schönheit zu finden ist. Aber das ist nicht »die Weltflucht der reinen Speculation«; Ziel und Vollkommenheit der Menschen liegt nicht in weltflüchtiger Mystik, wie sie der Waldmann und der Einsiedler der vedischen Bücher übten. Die Aufgabe des Lebens ist vielmehr die Herstellung der inneren Harmonie der Seele durch die Glück spendende Gerechtigkeit, die allumfassende Tugend, deren Begriff der alttestamentlichen sehr ähnlich ist, und die aus dem Gesetze entspringt, welches »das goldene und heilige Leitzeug der Vernunft ist«. Das gesetzmässige Handeln ist der Einklang aller Tugenden, der Glaube an die Gottheit aber die Grundlage des Gesetzes. Wie Plato die Sünde kennt, so hält er auch die Freiheit des Willens hoch; denn die wahre Tugend ruht ganz auf freier Entscheidung. Der Staat ist ihm ein von Gott geplantes und durch göttliche und menschliche That ausgeführtes Kunstwerk, dessen höchstes und letztes Ziel die Erziehung des Menschen für die geistige Lebensgemeinschaft mit der Gottheit selber bildet. Und dieses Ideal findet er geschichtlich in der Verfassung der Urzeit.

3. Die Ueberlieferung der platonischen Lehre[1] dauerte ohne Unterbrechung bis zur Schliessung der Philosophenschulen unter Justinian fort (529). Eine eigentliche Erneuerung erfuhr sie erst durch Plutarch und die Neupythagoräer. In dieser Schule lebte der universale Zug der platonisch-pythagoräischen Weisheit wieder auf, und mit der Verbindung nichtgriechischer Glaubenslehren bildete sich eine religiöse Speculation heraus, die zum Halt für die absterbende Welt des Alterthums wurde. Aber auch die eigene Gedankenarbeit Plato's wirkte fort. Mit Recht gilt der Satz: entweder ist Plato ein Vorläufer Philo's,

[1] Vgl. H. v. Stein: Sieben Bücher zur Geschichte des Platonismus. Göttingen 1862—1875.

oder Philo ein Schüler Plato's. Philo nennt Plato den Heiligsten und den Grossen. Proklus preist ihn als den Erzführer und Hierophanten für alle, die nach einem seligen Leben streben, und seine Lehre als die höhere Weihe der eleusinischen Mysterien und die mit Seherkraft begabte Philosophie. Syrian redet von ihm als dem besten und tüchtigsten unter den Pythagoräern. Philo leitete die Liebe zu Plato, den er selbst in der Ausbildung der Logoslehre noch überholte, in die patristische Philosophie hinüber. Ein anderes Gebiet des platonischen Einflusses eröffnet sich in der römischen Socialphilosophie bei Varro und Apulejus und zog sich durch die Literatur der letzten römischen Zeit. Der Neuplatonismus endlich, dessen Haupt Plotin ist, unternahm noch einmal eine Vertiefung der platonischen Philosophie. Plotin selbst ist wesentlich Platoniker und wirkte sehr folgenreich auf die weitere Geschichte der idealen Weltanschauung ein, wenn auch der Strom der Ueberlieferung durch ihn abgeleitet und eine Quelle pantheistischer Verirrungen wurde, aus welcher die Häresien schöpften. Die Irrthümer des Neuplatonismus sind nur eine Reaction des Heidenthums gegen die aufsteigende christliche Gnosis und dürfen Plato nicht direct zugerechnet werden: »Denn der grosse Sokratiker kennt nicht die stolzen Ansprüche der Theosophie und Theurgie, d. h. einer unmittelbaren Gottesanschauung und Gottesgemeinschaft durch Vernunft, da er sonst wohl nicht so sehnsüchtig nach einer äusseren Gottesoffenbarung verlangt hätte.«[1]

Im Zeitalter der patristischen Philosophie vermittelte gerade Plato die antike mit der christlichen Speculation, weil er den Vätern die reineren und höheren Ueberlieferungen darbot, die sie annahmen, soweit es der Inhalt der christlichen Lehre gestattete, ohne sich desshalb auch seiner Erkenntnisstheorie zu bedienen.[2] Die Apologeten fanden seinen Gottesbegriff verwendbar und hielten das alte Testament für die Quelle desselben, wie schon der heidnische Numenius Plato den »attisch redenden Moses« genannt hatte. Tertullian sagte: »ein Schwan, der die

[1] Glossner: Jahrbuch für Philosophie und speculative Theologie. 1888. II. Bd., S. 161. Kleffner: Porphyrius. Paderborn 1896. S. 15.

[2] Glossner: a. a. O. S. 162ff. Willmann: Geschichte des Idealismus. II. Bd., S. 152–163.

Menschen bezaubert, ist Plato, der Herzensschüler Sokrates'.«[1] Ambrosius nennt ihn den Vater der Philosophie und ihren Fürsten.[2] Augustinus sagte: »Plato ist der weiseste und gelehrteste Mann seiner Zeit; er redete so, dass alles, was er sagte, etwas Grosses wurde, und sprach solche Lehren aus, dass sie, wie er sie auch aussprach, doch nicht gering wurden.«[3] Boetius endlich hinterliess die platonischen Anschauungen dem Mittelalter.

Auch die Scholastik begann ihre Arbeit mit der Aufnahme platonischer Gedanken. In der Mitte des IX. Jahrhunderts fanden sie durch Scotus Erigena ihre Verbreitung, und bis zur Mitte des XII. Jahrhunderts war der durch Augustinus vermittelte Platonismus vorherrschend. In reinerer Form als bei Scotus tritt er bei Anselm von Canterbury (1035—1109), Adelard von Bath (1075—1125) und Wilhelm von Conches (1080—1154) auf. Ueber Abälard (1079—1142) klagte der heil. Bernhard von Clairvaux: indem er sich abmühe, Plato zum Christen zu machen, zeige er sich selbst als Heiden.[4] Seinen Höhepunkt erreichte dieser Platonismus in Bernhard von Chartres († 1161). Hauréau nennt die Lehre desselben eine poetische Glosse zum Timäus. Sein Schüler, Johannes von Salisbury nannte ihn »perfectissimus inter platonicos seculi nostri«,[5] und sein Bruder, Thierry von Chartres, wurde von seinem Schüler, Hermann dem Dalmatiner, sogar als »der auferstandene Plato« gepriesen. Die Verehrung gegen Plato beeinflusste auch Alanus von Lille († 1203).[6] Während eine neuplatonische Strömung durch die jüdischen und arabischen Philosophen wieder zum Monismus drängte, verwendeten die Scholastiker

[1] Tertullian: De anima c. 46: Cygnus de sinu Socratis demulcens homines discipulus Plato est.

[2] Ambrosius: De Abraham. 2, 7; 1, 5. In psalm. 35.

[3] Augustinus: C. Academ. 3, 17: Plato vir sapientissimus et eruditissimus temporum suorum, qui et ita locutus est, ut quaecumque diceret, magna fierent, et ea locutus, ut quomodocumque diceret, parva non fierent.

[4] Bernardus Clarivall.: Ep. 190: Dum multum sudat Abelardus, quomodo faciat Platonem christianum, se probat ethnicum.

[5] Joannes Sarisbur.: Metalogicus IV, 35.

[6] Ch. Huit: Le Platonisme au XIIième siècle: Annales de Philosophie chrétienne 1889. T. 21 p. 178 s. M. Baumgartner: Die Philosophie des Alanus de Insulis im Zusammenhange mit den Anschauungen des XII. Jahrhunderts. Münster 1896, S. 9.

die platonischen Lehren zum Ausbau der christlichen Philosophie,[1] wie es schon Johannes von Salisbury (1110—1180) richtig geschildert hatte: »Plato, der die Weihe der Weisheit empfangen hatte, unterscheidet an den Wissensobjecten das, was der geschöpfliche Verstand mit Gewissheit erkennen kann. Denn obwohl er mitunter etwas sagt, was dem Glauben widerspricht, so sind ihm die Guten dennoch für den grössten Theil seiner Lehre dankbar. Im Anfang, so lehrt er, war Gott Von der Ewigkeit unterscheidet er die Zeit, wendet die Ideen an und macht den Begriff des Stoffes nutzbar. . . Der Verstand ist das Auge für die denkende Seele, der die Wahrheit als Leuchte dient; und Wissen nennt er den Gebrauch, den wir von unserem Verstande machen, um die Wahrheitslichter zu sehen.«[2]

Die grossen Scholastiker, von denen Bonaventura und später noch Heinrich von Gent besonders platonisirend erscheinen, haben jenen Ausbau harmonisch mit dem aristotelischen Material vollendet: die Werke Albert des Grossen und seines Schülers, des Aquinaten, beweisen dies: die Bedeutung Plato's und eine pietätsvolle Bewunderung ist darin enthalten.[3]

Bei den Byzantinern war im Mittelalter Plato nicht vergessen, wie Michael Psellus († 1079) und andere Plato-

[1] Ch. Huit: Le Platonisme pendant la Renaissance: Ann. de Phil. chrét. 1895. T. 32, p. 369: les platoniciens par l'esprit au XI[ième] et au XII[ième] siècle ou plutôt dans tous les temps, on les distingue à l'élan de leur pensée, fixée sur l'éternel et sur l'infini: ils sont volontiers mystiques, et si le mysticisme a ses écarts, il a son fondement légitime, je veux dire la foi de l'âme à l'invisible, le sentiment du parfait se dégageant triomphant des imperfections mêmes de notre nature, le regard tourné en haut vers le ciel et vers Dieu.

[2] Joannes Sarisbur.: Enthet. 937—942, 1105, 1106: Plato, symmystes veri, distinguit in ipsis Scibilibus, quid res scire creata queat; Nam licet interdum fidei contraria dicat, Sunt tamen illius plurima grata bonis. Principio docet esse Deum, distinguit ab aevo Tempus et ideas applicat, aptat hylen. . . Est oculus menti ratio, pro lumine verum, Usum cernendi lumina scire vocat. Policraticus VII, 5—6: Sole coelo visus est cecidisse, qua die philosophorum princeps Plato excessit rebus humanis et quasi lucernam mundi extinctam defleverunt qui ad thronum sapientiae, cui ille diu praesiderat, sua arbitrabantur studia proferenda.

[3] Vgl. Ch. Huit: Le Platonisme à la fin du moyen âge: Ann. de Phil. chrét. 1890. T. 22, p. 26.

kenner beweisen. Georgios Gemistios (Plethon, 1375– 1450) und besonders Cardinal Bessarion traten für Plato ein. Letzterer schrieb vier Bücher gegen den Verleumder Plato's, Georg von Trapezunt.

Das Aufblühen der klassischen Studien seit dem XV. Jahrhundert machte die Continuität mit Plato wieder lebendiger.[1] Petrarca gab das Signal zur Renaissance des Platonismus: in seinem Werke Trionfo della Fama (c. 3.) wies er nicht Aristoteles, sondern Plato den Ehrenplatz unter den Philosophen an.[2] Im Jahre 1423 brachten Aurispa und Traversari das erste vollständige Manuscript Plato's aus Byzanz nach Venedig. Der thomistisch geschulte Marsilius Ficinus († 1499) gründete die platonische Akademie in Florenz.[3] Die Würdigung, die Plato bei Thomas gefunden hatte, der den verborgenen Sinn seiner Ideenlehre gegen Aristoteles in Schutz genommen hatte,[4] wurde ein Band zwischen dem neuerstandenen Platonismus und der thomistischen Schule. Savonarola hatte Plato studirt. Cajetan und Javellus und noch später Arnu verstanden es, die platonischen Fäden in den Thomismus zu verweben. Die Werthschätzung jener Zeit fand einen Ausdruck in der Formel, welche in der Widmung des Druckes von Ficinus' Uebersetzung aus dem Jahre 1533 steht: »Plato, quem philosophorum Deum praedicant omnes.« Der Venetianer Nicolaus Liburnus sagt in seiner »Gnomologie des göttlichen Plato«: »Plato, den Fürsten der Philosophen, haben alle bedeutenden Gelehrten sogar fortwährend im Laufe der Zeiten am meisten geschätzt und mit der grössten Beständigkeit verehrt, so dass sie überhaupt nirgendwo etwas gefunden haben, was sie wegen der Ausdrucksweise oder der Fülle des Stoffes oder endlich wegen der didaktischen Erfahrung und des Ernstes des Inhaltes für vorzüglicher er-

---

[1] Ch. Huit: Le Platonisme pendant la Renaissance; l'Académie florentine: Ann. de Phil. chrét. 1896 T. 33, p. 617.

[2] Mezières: Petrarque Etude d'après de nouveaux documens. Paris 1863. p. 361

[3] Ueber den Einfluss der Florentiner Platoniker auf die schwäbischen und Nürnberger Gelehrtenkreise handelt H. Grauert: Historisch-politische Blätter. 1897, XII. Bd. S. 331 ff.

[4] Thomas Aq. Sum. c. gent 1, 54 fin. Sent. 1 D. 36 q. 2 a. 1 ad 1. Qu. Disp. de pot. q. 6 a. 6 L.

achteten.«[1] Dieser Platonismus der Renaissance zog sich bis ins XVII. Jahrhundert hinein,[2] und durch die Erneuerung des Streites über den Platonismus der Kirchenväter wurde auch die Theologie von demselben berührt.[3]

Auch in der neuen Philosophie wirkte Plato fort. Wir finden seine Spuren bei Vico († 1744) der auf die Ideenlehre, den Unsterblichkeits- und Vorsehungsglauben Plato's zurückwies.[4] Leibniz schrieb einen eigenen Brief an seinen Schüler Hansch über die platonische Philosophie, worin er ihre Wahrheiten hervorhebt.[5] Ueber die Einführung platonischer Anschauungen in die neuere Philosophie von Mendelsohn bis Jacobi hat Otto Willmann Genaueres berichtet.[6] Charles Huit findet im XIX. Jahrhundert sogar eine neue Renaissance des Platonismus.[7] Noch jetzt weisen einsichtsvolle und ideal angelegte Männer wie Glogau, Eucken, Ueberweg und Natorp, wie früher schon Michelis, zu Plato zurück. Daher bezeugt die Continuität seines Einflusses und die Einfügung seiner Gedanken in andere Systeme schon den hohen Wahrheitsgehalt seiner Philosophie.

4. Das Verständniss Plato's ist viel schwerer zu gewinnen als dasjenige seines grossen Nachfolgers Aristoteles, weil der erstere Mystiker ist und aus dem Material der Vorzeit arbeitet. Um Plato, den göttlichen, wie ihn nicht nur die Alten, sondern noch die späteren Thomisten nannten, ganz zu würdigen, bedarf es eines congenialen Standpunktes, einer religiös und gläubig gestimmten Ansicht. Die ungläubige und rationalistisch

[1] Nicolaus Liburnus: Divina Platonis gnomologia graeco-latina per locos communes per quam apposite digesta. Lugduni 1582, in . . Platonem philosophorum principem viri universi impense docti usque adeo perpetuo seculorum decursu et summe coluerunt et constantissime venerati sunt, ut quam illi sive disserendi ratione, sive dicendi copia, sive demum instruendi peritia et gravitate praeponendum putarent, nusquam prorsus invenerint.

[2] Willmann: Geschichte des Idealismus. III. Bd. § 89, S. 69ff. Ch. Huit: Le platonisme dans la Renaissance: Ann. de Phil. chrét. 1895. T. 32, p. 366. T. 34, p. 581.

[3] Willmann: a. a. Orte. III. Bd. S. 193f.

[4] Giambattista Vico: De constantia philosophiae c. 5. (Opera vol. 2. Mediolani 1835.)

[5] Leibniz: Epistola ad Hanschium de philosophia platonica, 1707. (Op. phil. ed. Erdmann LXIV, p. 445—447.) Vgl. Willmann: Geschichte des Idealismus. III. Bd. S. 263ff.

[6] Willmann: a. a. O. III. Bd. § 111, S. 640.

[7] Ch. Huit: Ann. de Phil. chrét, 1896. T. 34, p. 585.

gesinnte Kritik muss ihn nothwendig missverstehen, verkleinern, verkennen. Aber trotz dieser falschen Deutungen bleibt seine Stellung in der Philosophia perennis unerschüttert. Goethe's Urtheil ist bekannt, verdient aber hier Erwähnung, um die Universalität dieser Philosophie zu beweisen. »Plato verhält sich zu der Welt, wie ein seliger Geist, dem es beliebt, einige Zeit auf ihr zu herbergen. Es ist ihm nicht sowohl darum zu thun, sie kennen zu lernen, weil er sie schon voraussetzt, als ihr dasjenige, was er mitbringt und was ihr so wohl thut, freundlich mitzutheilen. Er dringt in die Tiefen, mehr, um sie mit seinem Wesen auszufüllen, als um sie zu erfassen. Er bewegt sich nach der Höhe, mit Sehnsucht, seines Ursprunges theilhaftig zu werden. Alles, was er äussert, bezieht sich auf ein ewiges Ganzes, Gutes, Wahres, Schönes, dessen Förderung er in jedem Busen aufzuregen strebt. Was er sich im Einzelnen vom irdischen Wissen zueignet, verdampft in seiner Methode, in seinem Vortrage.«[1] In ihm erweist sich, wie Eucken sagt, eine ungeheure Denkkraft: »sie bewegt die starren Massen und überwindet die härtesten Gegensätze wie in leichtem Spiel, sie schaltet über den Dingen mit der Macht und Sicherheit eines Herrschers. Aber der königliche Denker ist zugleich ein begeisterter Freund der Schönheit, ja ein Künstler von Gottes Gnaden. Schwerlich hat je ein Denker so die Philosophie mit künstlerischem Geist durchdrungen wie Plato.« Durch seine grosse ethische Persönlichkeit ward er »nicht nur ein kühner Reformator der gesellschaftlichen Verhältnisse, er vollzieht für das Ganze der Menschheit eine Vertiefung ethischen Lebens«.[2] Kuno Fischer endlich geht in seiner Würdigung über das Persönliche hinaus. »In dieser Richtung auf die sittliche Umgestaltung des Menschenlebens ist die platonische Philosophie reformatorisch und religiös. Hier empfindet Platon seine Verwandtschaft mit Pythagoras, hier werden künftige Jahrhunderte ihre Verwandtschaft mit Platon empfinden. Es wird die Zeit kommen, wo man mit heisser Sehnsucht nach jener intelligiblen Welt hinblicken wird, welche Platon noch wie ein grosser plastischer Künstler gedacht und seiner Welt vorgehalten hat als die einzige Rettung aus

[1] Goethe: Geschichte der Farbenlehre. 2. Abth. Uebersinnliches.

[2] Eucken: Die Lebensanschauungen der grossen Denker. S. 25. Vgl. S. 43, 57.

dem schon beginnenden Verfall.«[1] Und das ist mehr! Was die Urzeit in den Spuren der religiösen Ueberlieferung hinterlegt hatte, was der menschliche Geist an Wahrheit im fernen Morgenlande, an den Ufern des greisen Nils, im üppigen Grossgriechenland und in dem kleinen, aber fruchtbaren Oelgarten der Philosophie an den sonnigen Küsten Attika's erzeugt hatte, das alles hat Plato aus Liebe zur Weisheit gesammelt, in stiller Betrachtung abgewogen und das reine Gold seiner Ideen im dichterischen Mythus seinen Jüngern, den Griechen, der dankbaren Nachwelt hinterlassen: ein pyramidales Denkmal uraltester Weisheit, das durch die Jahrtausende hindurchragt, und dessen Schatten immer als Sonnenzeiger dient.

## § 2. Aristoteles.

»Maestro della umana ragione.«
Dante (Conv. 4, 2.)

1. Nahe bei Plato, dem göttlichen, steht Aristoteles, der mit ihm lebte und von ihm lernte, ihn auch bekämpfte und vielfach überwand im Ringkampf um die eine, die ewige Wahrheit. Auch er, »der Meister derer, die da wissen«, wie ihn Dante preist, ist von Pietät gegen die ältesten religiösen Ueberlieferungen des vielsprachigen Menschengeschlechtes erfüllt. Er bewahrt den Glauben an den alles umfassenden Gott und an die Geister, welche den Sternen die Bewegung mittheilen und ihren Weg, die Ordnung des Himmels und das göttliche Recht, das, was die vedische Ueberlieferung Rita nannte, behüten.[2] Die religiösen Ueberlieferungen des Morgenlandes von den übersinnlichen Keimen leiteten ihn an zur Untersuchung des Möglichen und Wirklichen, wodurch er vor dem Monismus bewahrt und an der Hand Plato's zur idealen Weltanschauung sicher fortschritt. Ueber sein Verhältniss zu Plato urtheilt Zeller richtig: »Aristoteles rechnet sich selbst fortwährend zur platonischen Schule, und so scharf er die Lehre ihres Stifters an vielen Punkten, und namentlich in ihrem Mittelpunkte, in der Ideenlehre, bestritten hat, so ist doch seine ganze Philosophie, durch seinen Anschluss an Plato viel tiefer und durchgreifender bestimmt,

[1] K. Fischer: Geschichte der neueren Philosophie. S. 23.

[2] Aristoteles: Met. 12, 8, 26.

als durch seinen Gegensatz gegen denselben.«[1] Er steht, wie Eucken sagt, Plato »viel näher als sein eigenes, naturgemäss vornehmlich von der Besonderheit erfülltes Bewusstsein zugibt«.[2] Die Uebereinstimmung in den Principien ist hier das Entscheidende. Der Unterschied beider lässt sich unschwer erkennen. Plato richtet den Blick auf Gott und die übersinnliche Welt der Ideen: von dem Einen, dem göttlichen Urbild, steigt er zur Welt herab. Aristoteles geht den entgegengesetzten Weg: von den Thatsachen der Erfahrung, von den Wirkungen zu den Ursachen, von den Einzeldingen zu ihrer idealen Wesenheit, von der Welt zu Gott empor. Seine Induction bewahrheitet die Deduction seines Lehrers. Aber er inducirt nicht allein, sondern er deducirt auch, indem er analysirt und bis auf die letzten Gründe, bis an die Grenzen der Erkenntniss dringt. Sein empirisch-realistischer Standpunkt (wenn wir diese Bezeichnung so anwenden, dass sie den Anfang des Denkens von der Erfahrung herleitet) befähigt ihn auch zur geschichtlichen Beobachtung, welche das Einzelne erfasst. So entsprach es dem historisch-kritischen Zuge des Aristoteles, dass er auch die Ueberlieferung der vorsokratischen Philosophie aufspürte und verarbeitete, indem er die Spreu vom Weizen sichtete. Nachdem er den traditionellen Inhalt verbessert hatte, konnte er ihn in sein umfassendes Lehrgebäude vermauern.

2. Aristoteles ist der Vater der unwandelbaren, wissenschaftlichen Logik und unterscheidet sie von der Metaphysik, die er zur »ersten Wissenschaft« dem Range nach erhoben hat, weil sie die Principienlehre enthält und die Wissenschaft vom Sein selber ist. Seine logische Lehre vom Begriffe, Urtheil und Schluss als den Denkformen, die er analytisch entwickelt und auf die ersten Principien zurückgeführt hat, ist für alle Zeiten klassisch geblieben. Er hat zuerst den strengen Wissenschaftsbegriff festgestellt und dadurch allen Wissenschaften das Maass gegeben. In der Erkenntniss von der mannigfachen Bedeutung des Seins fand er die Begründung der Kategorien und gelangte dadurch zur Gewinnung des rechten Substanzbegriffes. Seine Analogie des Seins ist das sichere metaphysische Princip; auf

[1] Eduard Zeller: Grundriss der Geschichte der griechischen Philosophie, IV. Aufl., Leipzig, 1893, S. 155.

[2] Eucken: Die Lebensanschauungen grosser Denker, S. 59.

diesem Grundpfeiler konnte Thomas später seine ganze Philosophie aufbauen. Die aristotelische Kritik der platonischen Ideenlehre reinigte die letztere von den Irrthümern, die den Kern der Wahrheit umhüllten, und verlieh den Ideen das Dasein, was ihnen der Mythus nicht geben konnte. Aristoteles ging von der gleichen Voraussetzung wie Plato aus, dass im Begriffe eines Dinges das Wesenhafte dieses letzteren erkannt werde, und fasste die Idee als Form, als das Gestaltungsprincip der realen Welt. Zur Idee verhält sich das sinnlich wahrnehmbare Einzelding so, wie sich die das Sein bestimmende Form zu dem Stoffe, wie das Wirkliche sich zu dem blos der Möglichkeit nach Seiendem verhält. In dieser Auffassung erkannte er das Allgemeine im Einzelnen. So wurde er Realist, aber im idealsten Sinne dieses Namens.

Sein Werk ist die Erkenntniss der vierfachen Ursächlichkeit und der substantiellen Principien, Form und Stoff, des Dualismus von Wirklichkeit und Möglichkeit des Seins. Tiefer noch als Plato drang er in die Erkenntniss der Materie ein und vermochte mit ihr das Werden zu erklären. Die Materie oder der Stoff, als das der Möglichkeit nach Seiende, welches in der realen Körperwelt durch die Wirkursachen verwirklicht worden ist, liegt schon ausserhalb des Nichts. Die Form, nicht die äussere Gestalt, sondern die unsichtbare innere Form, von welcher die Wesenheit der Dinge selbst bestimmt und gebildet wird, wohnt dem Stoffe inne als seine Energie, als die das Sein verleihende Macht, die den unterschiedslosen Stoff erst zu dem bestimmten concreten Körper unter dem thätigen Einfluss der Wirkursache macht. Der wirkliche Körper ist die aus Form und Stoff dem Sein nach zusammengesetzte Entelechie, die ihren Zweck erfüllt. Denn die Idee, die als Form gestaltend wirkt, ist der den Dingen innewohnende Zweck selbst, und die Welt ein Reich von Entelechien. Die reine Form aber, die ohne Materie besteht, ist die Wesenheit selbst. So konnte Aristoteles im Stoffe den Grund des Werdens, der Vielheit und der Veränderlichkeit erkennen. Aus der Betrachtung der Veränderungen, der Zusammensetzung und Potenzialität in den Dingen schliesst er auf ein erstes Princip der Bewegung, den ersten Beweger der Welt, das erste Wirkliche, welches rein intelligibel und als Urgut zugleich der Weltzweck selbst ist: ein unveränderliches, thätiges, rein immaterielles Princip, Selbstzweck, das Denken des Denkens, der νοῦς.[1] Sein Gottesbegriff ist der rein monotheistische. Weil aber sein Gott nicht blos Ziel, sondern auch Wirkursache der Weltbewegung ist, so liegt der Schöpfungsbegriff in seiner Philosophie eingeschlossen. »Bei ihm fanden sich die Prämissen, aus denen der Ursprung der Welt durch eigentliche Schöpfung gefolgert werden kann, und andererseits enthält sein System nichts, was nach seiner Ansicht die Schöpfung ausschliesst.«[2] Glossner sagt: »die aristotelische Metaphysik lässt weder eine monistische noch eine dualistische (im Sinne einer Dualität unabhängig von einander bestehender Principien) Auffassung zu, beides — mag unsere Behauptung auch paradox erscheinen — aus demselben Grunde: der aristotelischen Bestimmung der Materie. Diese nämlich ist beschränkte, nicht unendliche Möglichkeit; sie müsste aber das letztere sein, wenn sie dualistisch als unabhängig von Gott bestehende, oder monistisch als mit der göttlichen Actualität identische Möglichkeit zu denken wäre. Es bleibt also nur eine Deutung übrig, die von Brentano gegen Zeller mit Nachdruck geltend gemachte kreatianische, die erst jüngst eine sehr treffende und ausführliche Darstellung in der Schrift von Rolfes, »die aristotelische Auffassung vom Verhältnisse Gottes zur Welt und zum Menschen« gefunden hat.«[3] Ebenso hält Aristoteles fest an der Leitung der Welt durch Gott, an der Unsterblichkeit der Seele und der Wahlfreiheit des Menschen.[4]

Das Erkenntnissproblem löst Aristoteles durch die Auffassung der Erkenntniss als Entwicklung, die mit der sinnlichen Erfahrung beginnt und durch die Kraft des thätigen und des leidenden Verstandes vollendet wird. Der platonische Dualismus ist in diesem ganzen System überwunden.

Aus dem Zweckbegriff gewinnt er die Einheit der Betrachtung. Dadurch wird es ihm möglich, die empirische Beobachtung der Naturfülle wissenschaftlich zu gestalten und die

[1] Arist.: Met. 12, 2.

[2] E. Rolfes: Die aristotelische Auffassung vom Verhältnisse Gottes zur Welt und zum Menschen. Berlin 1892. S. 16.

[3] Glossner: Die Lehre des Aristoteles über das Verhältniss Gottes zur Welt. Jahrb. f. Phil. u. spec. Theol. 1893. VIII. Bd., S. 19.

[4] Ackermann: La nation de liberté chez les grands philosophes. IV.: Ann. de Phil. chrét. 1890. T. 22, p. 72 sq.

Reihe der besonderen Wissenschaften principiell zu begründen. Zugleich bietet ihm die reiche seelische Beobachtung und Analyse, verbunden mit dem Begriff der Seele als Wesensform ihres Leibes die Möglichkeit, eine einheitliche Psychologie zu schaffen, auf die er wiederum mit dem Zweckbegriffe seine Ethik [1] gründen kann, die nicht empirisch, nicht autonom, nicht eudämonistisch ist, sondern das sittlich Gute zu ihrem höchsten Motive hat. Freilich beschränkte er sich auf die Vollendung des Menschen im irdischen Leben. Die Aufgabe des Menschen ist die vernunftgemässe Thätigkeit der Seele, und die Glückseligkeit als höchstes Gut besteht in der Vollendung der Seele in der Tugend. Die Tugend selbst ist die richtige Mitte für uns im Handeln. Die höchste Tugend aber ist die theoretische, die Thätigkeit der höchsten geistigen Seelenkraft, des νοῦς, und das ist die Beschauung, die beste und edelste That: durch sie kommt der Mensch der seligen Gottheit am nächsten. Von Natur ist aber der Mensch für die Gemeinschaft bestimmt, in der er sich allein auslebt und vollendet. So vermag Aristoteles die Gesellschafts- und Staatslehre auf den Begriff der Koinonia [2] zu gründen, die als Freundschaft eine Thätigkeit der Gemeinschaft für den höchsten Zweck wird und eine solche Würdigung des Familien- und Staatslebens gewährt, dass dadurch die Fehler der platonischen Sociologie wesentlich verbessert worden sind.

3. Der Einfluss, den Aristoteles ausgeübt hat, zeigte sich im Alterthum zunächst nur in der peripatetischen Schule bei Theophrast, Eudemus und Strato. Diese erklärende Arbeit blieb jedoch nur eine vorbereitende für die spätere Zeit. Nachhaltiger wirkten erst die Ausgleichsversuche, welche die Neuplatoniker zwischen Plato und Aristoteles unternahmen; sie knüpften sich an die Namen Proklus und Ammonius. Durch Johannes Philoponus, Simplicius u. A. stieg der Einfluss des Aristoteles.

So konnten aristotelische Elemente in die patristische Philosophie Eingang finden, um die Verschmelzung mit den

[1] Vgl. L. Filkuka: Die metaphysischen Grundlagen der Ethik bei Aristoteles. Wien 1895.

[2] Vgl. Franz v. Tessen-Węsierski: Die Κοινωνία. Ein Beitrag zur Sociologie des Aristoteles. Jahrb. f. Phil. u. spec. Theol. 1895. IX. Bd. S. 34—49.

platonischen nach dem Gesetz der zielbewussten christlichen Auswahl in Fluss zu bringen. Augustinus[1] nennt Aristoteles den Schüler Plato's, einen Mann von hervorragender Bedeutung, wenngleich er an Beredsamkeit hinter jenem zurückstehe. Während die patristischen Philosophen Plato mehr bewunderten, nutzten sie dagegen Aristoteles, dem sie kühler gegenüberstanden, in ihrer Logik und Psychologie mehr aus.[2] Seine Erkenntnisstheorie empfahl sich ihnen dabei von selbst für ihre Metaphysik, ebenso wie der Formbegriff und der Grundgedanke der potenzialen Philosophie. Die organisch-teleologische Weltanschauung, die das Charakteristische bei Aristoteles ist, wurde ein Bindeglied zwischen christlichen und aristotelischen Denkern. Besonders werthvoll war ihnen aber der von Aristoteles so präcis gefasste speculative Gottesbegriff.

Durch mehr als ein Thor fand der Aristotelismus Eingang ins Mittelalter, so dass ihn die Scholastik schon vorfinden konnte. Syrische Christen führten die Araber unter den Abbâsiden in die Kenntniss der aristotelischen Philosophie ein, die im IX. und X. Jahrhundert einen grossen Aufschwung durch Alkindi, Alfarabi und besonders Avicenna nahm. Noch grösseren Einfluss verschaffte ihr gegen Ende des XI. Jahrhunderts in Spanien der grosse Commentator Averroes (Ibn Roschd), der von den jüdischen Philosophen als die Seele und Intelligenz des Aristoteles gepriesen wurde und in Maimonides einen Nachfolger fand. Wie der arabische Aristotelismus durch neuplatonische Lehren modificirt war, so gestaltete sich der jüdische zum Rationalismus. Dieser Pseudo-Aristotelismus hielt sich bis ins XVI. Jahrhundert. Im Anfang des XIII. Jahrhunderts[3] vollzog sich die endgiltige Wendung der Scholastik zu Aristoteles in der christlichen Philosophie durch die Vermittelung der arabischen Lehre. Schon in den ersten Jahren dieses Jahrhunderts, wie Denifle nachgewiesen hat, kamen die naturwissenschaftlichen Schriften und die Metaphysik des Aristoteles durch Vermittelung von Averroes zu den Lateinern. Das zeitweilige, rein prophy-

[1] Augustinus: De civ. Dei 8, 12.

[2] Glossner: Jahrbuch für Philosophie und speculative Theologie, 1888. II. Bd., S. 162.

[3] Mandonnet: Polémique Averroiste de Siger de Brabant et de Saint Thomas d'Aquin: Revue Thomiste, 4ième Année, Mars 1896, p. 18.

laktische Verbot der aristotelischen Schriften über die Naturphilosophie regte das gründliche Aristotelesstudium höchst wohlthätig an. Die ersten Verbote, die 1210 auf dem Pariser Concil, und 1215 vom päpstlichen Legaten Robert de Courçon [1] gegeben wurden, trafen die Amalricianer, Aristoteles und Averroes zusammen:[2] hatte doch David von Dinant sich selbst auf das erste Buch der aristotelischen Physik berufen. [3] Gregor IX. gab diesen Massregeln am 13. April 1231 [4] den höchsten Nachdruck, beauftragte aber drei Pariser Lehrer, Wilhelm von Auxerre, Simon von Authie und Stephan von Provins mit der Revision jener Aristotelesschriften. Das Verbot erstreckte sich jedoch nur auf den Gebrauch derselben in den Vorlesungen, aber nicht auf das Privatstudium.[5] Es hörte daher von selbst auf, sobald Albert der Grosse und Thomas von Aquino den reinen Aristotelismus wieder hergestellt hatten. [6] Diese Verbote bewirkten, dass die Aufnahme der aristotelischen Gedanken in die christliche Theologie langsamer vollzogen wurde, als es sonst geschehen wäre.[7]

Um die Mitte des XIII. Jahrhunderts war die eigentliche Reception des Aristotelismus vollzogen und dadurch die Blüthezeit der Scholastik gekommen. Dieser Vorgang hat eine grosse Aehnlichkeit mit der Reception des römischen Rechtes.

---

[1] Denifle-Chatelain: Chartularium Universitatis Parisiensis. I., p. 70—79.

[2] Roger Baco: Opera inedita. Ed. Brewer. p. LV.

[3] Albertus M.: Sum. theol. P. II., tr. 2 q. 72 membr. 4 a. 2.

[4] Denifle-Chatelain: Chart. Univ. Par. I, p. 138.

[5] Mandonnet: l. c. p. 32: Ib. p. 30. Note 4ième: La défense faite aux maîtres de legere publice vel secreto signifie exclusivement qu'ils ne doivent pas enseigner ces ouvrages dans des leçons publiques ou particulières.

[6] M. Schneid: Aristoteles in der Scholastik. Ein Beitrag zur Geschichte der Philosophie im Mittelalter. Eichstätt 1875. S. 16 ff.

[7] Mandonnet: l. c. p. 30: Ces prohibitions eurent pour effet de ralentir le mouvement de l'acceptation d'Aristote par les théologiens. Elles assurèrent le triomphe de l'ancienne direction augustinienne du siècle précédant, et elle persistera, pendant tout le XIIIième siècle, chez les maîtres du clergé séculier, chez les franciscains et même chez les théologiens dominicains dont la formation intellectuelle est antérieure au mouvement albertino-thomiste. (Vgl. F. Ehrle: Archiv für Literatur und Kirchengeschichte des Mittelalters. V, 604 ff. Th. Wehofer: Jahrbuch für Philosophie und speculative Theologie. 1897. XI. Bd, S. 17 ff.)

Beide Systeme sind nicht durch äusseren Druck, nicht durch ein Gesetz, sondern spontan als gestaltende Principien in ein fremdes Culturleben aufgenommen worden, haben dasselbe fördernd umgestaltet und einen welthistorischen, noch immer fortdauernden Einfluss ausgeübt. Aristoteles galt als der Repräsentant des natürlich-menschlichen Vernunftwissens, ebenso wie das römische Rechtsbuch, die codificirte Ueberlieferung der alten Juristen, als die ratio scripta, das natürlich-menschliche Vernunftgesetz angesehen wurde. Man kannte keine reinere Form für die natürliche Philosophie und das natürliche Recht als diese. Es war eben der Wahrheitsgehalt, der dem Bedürfniss der menschlichen Vernunft entsprechen musste. So wurde Aristoteles schlechthin Philosophus genannt, wie ihn Thomas stets zu Hilfe ruft. Es begann die grosse commentirende Thätigkeit, worin Albert der Grosse und sein Schüler Thomas von Aquino so sehr hervorragen, dass die aristotelische Forschung unserer Zeit zu ihnen zurückzukehren beginnen muss. Aber diese Reception war keine knechtische, sondern eine durch und durch freie, bewusste und mit strengster Kritik nach den objectiven Gesetzen der Vernunftwahrheiten verbundene. Aristoteles hat die Scholastik eben so wenig entchristlicht, wie das römische Recht die Eigenart und das Eigenrecht der germanischen Völker trotz seiner Reception vernichtet hat: beide Mächte, denn beide sind Geistesmächte, haben einen Fortschritt der Civilisation durch christliche Hände bewirkt, der nie ganz verloren geht. Den Vorwurf sclavischer Abhängigkeit der Scholastik von Aristoteles haben Talamo in seinem gründlichen Werk über den Aristotelismus in der Scholastik und nach ihm M. Schneid vollkommen widerlegt. Schon Albert der Grosse hatte ein Buch über die Irrthümer des Aristoteles geschrieben, die er sowohl wie Bonaventura[1] und Thomas[2] beständig corrigirten, und die noch in der zweiten Blüthezeit der Scholastik der Begründer der neuen Form für die Theologie auf thomistischem Princip, Melchior

[1] Bonaventura: Itinerarium mentis: Aristoteles incidit in multos errores, execratus ideas Platonis, et perperam. Cf. Sent. 2 D. 1. pars 1. Sermo 6.

[2] Salvatore Talamo: L'Aristotelismo della Scolastica nella storia della filosofia studi critici. 3. ed. Siena 1881. P. 2, capo 2, p. 151, c. 3, p. 174.

Canus,[1] eigens aufgezählt hat. Zu Aristoteles aber wandten sich die Scholastiker hin wegen seiner Erkenntnisslehre, wegen der Auffassung von Leben und Geist, von der Seele als Wesensform des Leibes und von Gottes Sein und seinen Eigenschaften: denn zu dieser Auffassung führten schon die Kirchenväter, weil sie der biblischen entsprach. Auf dem Boden des Aristotelismus gelang jetzt der Ausgleich zwischen Nominalismus und Realismus. Wie Thomas, der grösste der Scholastiker, wahrhaft Aristoteliker ist, so hielt auch seine Schule stets an Aristoteles fest. Von Albert und Thomas an geht die Geschichte des Aristotelismus eigentlich in der Geschichte der christlichen Philosophie auf, und wenn sich irgendwo selbständige Strömungen des ersteren zeigen, so fliessen sie über kurz oder lang wieder in das gemeinsame Bett der christlichen Philosophie. Aristoteles' Einfluss am Ende der scholastischen Blütheperiode zeigt sich am deutlichsten bei Dante,[2] der ganz Aristoteliker ist.

Gemäss der Zeitrichtung der Renaissance suchte man den historischen Aristoteles, wie ihn die Alterthumswissenschaft haben wollte, wiederzugewinnen, um ihn gegen den christlich gewordenen auszuspielen. Man suchte Aristoteles überall und konnte ihn nicht finden, weil er schon da war. Aber in den Schulen der christlichen Philosophie, zunächst in der thomistischen und später in der neueren Schule, die sich an Suarez anschloss, wurden auch die historischen und philologischen Forschungen, welche die Buchstaben-Aristoteliker angefangen hatten, mit mehr Verständniss und Glück fortgesetzt. In der engeren Thomistenschule glänzen als Commentatoren der aristotelischen Gedanken Paulus Soncinas, Thomas de Vio (Cajetanus), Chrysostomus Javellus, Dominicus Soto, Didacus Masius, Sanchiez Sedegno, Michael Zanardus, die Dominikaner und Carmeliter von Alcalá (Complutenses), Johannes Poinsot (a S. Thoma), Julian Esprit (Philippus a. SS. Trinitate), die Salzburger Benedictiner und viele andere. Aus der Jesuitenschule haben sich unter anderen Petrus Fonseca, Franz Suarez, Sylvester Maurus, Benedict Pererius sowie die Conimbricenses um die

[1] Melchior Canus: De locis theologicis lib. 7 c. 5. (Opera, ed. Serry, Bassani 1746, p. 276.)

[2] Ch. de Huit: Ann. de Phil. chrét. 1830. T. 22, p. 42 sqq. Vgl. Ozanam: Essai sur la philosophie de Dante. Paris 1838.

Aristoteleserklärung rühmlichst verdient gemacht. Auch in der Scotistenschule fehlte es nicht an hervorragenden Bemühungen, in das Verständniss des Philosophen einzudringen.

So hielt sich der Aristotelismus und reagirte unaufhörlich gegen das Eindringen der neuen Philosophie, die sich seinem Einflusse doch nicht ganz verschliessen konnte. Vor allem war es Leibniz, der sich selbst wieder an Aristoteles orientirte.[1] Kant musste wenigstens die aristotelische Logik anerkennen. Die Erneuerung jener Anschauungen[2] zeigt sich bei Lessing und mehr noch bei Goethe auf beschränktem Gebiete. Erst Schelling erkannte die tiefere speculative Bedeutung des Aristoteles wieder. Bei Hegel fand letzterer ein noch besseres Verständniss, und gerade aus dieser Schule ging die erste gründliche Darstellung der »Philosophie des Aristoteles« hervor, welche Franz Biese verfasste.[3] Schleiermacher gab die erste Anregung zur Aristotelesausgabe der Berliner Akademie. In Frankreich war es Barthélemy de St. Hilaire, der die aristotelische Philosophie zu Ehren brachte. Aber erst Trendelenburg führte Aristoteles wieder in die moderne Philosophie ein und gab dem neu beginnenden Aristotelesstudium feste Bahn und festen Halt.

4. Zu Aristoteles' Würdigung mögen nur noch einige Stimmen aus neuerer Zeit angeführt werden. Schelling sagt über ihn: »Ich bin überzeugt, dass derjenige nicht dauerhaft schaffen wird, der sich nicht mit Aristoteles verständigt und dessen Erörterungen als Schleifstein seiner eigenen Begriffe benutzt.«[4] Hegel schrieb: »Er ist, wenn einer, für einen Lehrer des Menschengeschlechtes anzusehen; sein Begriff ist in alle Sphären des Bewusstseins eingedrungen, enthält in jeder Sphäre die tiefsten, richtigsten Gedanken.«[5] August Comte nannte ihn »den ewigen Fürsten aller wahren Denker«.[6] Conrad Her-

---

[1] Willmann: Geschichte des Idealismus. III. Bd., S. 265 ff.

[2] A. a. O. S. 660 ff.

[3] Franz Biese: Die Philosophie des Aristoteles in ihrem inneren Zusammenhange, mit besonderer Berücksichtigung des philosophischen Sprachgebrauches, aus dessen Schriften entwickelt. 2 Bde. Berlin 1835—1842.

[4] Schelling: Werke. X. Bd., S. 380.

[5] Hegel: Werke. XIV. Bd., S. 416. Vgl. S. 298.

[6] Auguste Comte: Catéchisme positiviste. Paris 1852. 2 ed., p. 8. Vgl. H. Gruber: August Comte, der Begründer des Positivismus. Sein Leben und seine Lehre. Freiburg 1889. S. 83.

mann wagt sogar folgenden Vergleich: »Wie Christus der geistige Schlussstein der Geschichte des jüdischen, so ist Aristoteles derselbe für diejenige des griechischen Volkes. Nächst Christus ist Aristoteles die grösste geistige Hauptgestalt des Alterthums, welche zugleich die ganze Bildung der neuen Zeit auf ihren Schultern trägt.«[1] Eucken urtheilt über ihn: »Wenn jede gerechte Würdigung seine gewaltige Grösse anerkennen muss, so schuldet besonders eine Betrachtung der Lebensanschauungen ihm dankbare Pietät dafür, dass er mit unendlicher Arbeit grosse Gebiete der Wirklichkeit dem Menschen erst erschlossen und sich als ein siegreicher Mehrer des Geisteslebens erwiesen hat.«[2] »Hier findet sich die erste Gliederung des weiten Gedankenreiches, ja es erscheinen die ersten Ansätze einer Organisation der gesammten Culturarbeit. So führt Aristoteles die Reihe der Denker, welche vor allem auf Continuität ausgehen.«[3] Man darf Eucken aber nicht zustimmen, wenn er sagt: »Nie hat der Aristotelismus mit seiner allgemeinen Art eine aufsteigende Gedankenbewegung geführt oder auch nur grosse Anregungen gegeben.«[4] Denn das ist nicht nur in der Patristik und Scholastik wirklich so geschehen, sondern es geschieht ganz augenscheinlich in der Gegenwart wieder. Dagegen ist es vollkommen wahr, was derselbe hinzusetzt: »Wo immer aber die aristotelische Denkart Einfluss gewonnen, da hat sie zur logischen Erziehung, zur Bildung grosser Zusammenhänge, zur Sicherung eines festen Grundstockes der Culturarbeit, zur energischen Austreibung von Willkür und Subjectivität geführt. Ohne ihre erziehende und befestigende Wirkung ist auch die moderne Wissenschaft und Cultur undenkbar. Völlig unbestreitbar ist dagegen Aristoteles' Grösse und Wirkung auf den einzelnen Wissens- und Lebensgebieten. Hier hat er seine Spuren so tief eingegraben wie kein zweiter Denker im ganzen Lauf der Geschichte; an den wichtigsten Punkten hat er zuerst die Arbeit in sicheren Fluss gebracht; ein Verständniss der ge-

[1] Conrad Hermann: Philosophie der Geschichte. Leipzig 1870. S. 258.

[2] Eucken: Die Lebensanschauungen u. s. w. S. 87. Vgl. Trendelenburg: Kleine Schriften. II. Bd., S. 254.

[3] Eucken: a. a. O. S. 88.

[4] A. a. O. S. 90.

schichtlichen Entwickelung unseres Geisteslebens ist unmöglich ohne eine stete Vergegenwärtigung seines Lebenswerkes.«[1] Auch Otto Liebmann's Urtheil ist bemerkenswerth: »man könnte eine Blüthenlese bleibender Wahrheiten aus der aristotelischen Psychologie herstellen.«[2] Victor Cousin gab schon die Parole aus: »Der Aristotelismus ist kein Denkmal einer zu Ende gekommenen Welt, von der man einige Trümmer in die Construction der modernen Philosophie einfügen lassen dürfte. Er muss ganz darin eingehen ebenso wie der Platonismus, aber alle beide müssen in einem höheren System zu neuem Leben verklärt und erhoben sein.«[3] Diese Verklärung ist ihm längst zu Theil geworden in der christlichen Philosophie. »Die Philosophie des Aristoteles bildet den gemeinsamen Boden, auf welchem sich die verschiedensten nach Confessionen und Nationalitäten auseinander getretenen Richtungen und Denkweisen einander wieder nähern und verständigen können.«[4]

Plato und Aristoteles gehören aber zusammen. Wer der Grössere von beiden gewesen ist, darüber ist viel gestritten worden,[5] und darüber kann man immer streiten. Die Frage wird nur in der gerade von Thomas hergestellten inneren speculativen Einheit ihrer Philosophie gelöst. Bessarion sagte in einem Brief an Michael Apostolius vom 19. Mai 1462: »Wer sind wir, dass wir Aristoteles und Plato richten könnten?... Wisse, dass ich Plato liebe, und dass ich auch Aristoteles liebe, und dass ich für den einen wie den andern die gleiche Verehrung bekenne.« Waddington sieht in Aristoteles den treusten Schüler Plato's. »Nur wo das blos gelehrte Interesse die Frage nach dem Wahrheitsgehalte der antiken Philosophie zurückdrängt, findet man Unvereinbarkeit, wo lediglich zwei Seiten derselben Sache unausgeglichen vorliegen.[6]

---

[1] A. a. O. S. 90.

[2] Otto Liebmann: Zeitschrift für Philosophie und philosophische Kritik. 1890. CI. Bd., S. 2.

[3] Victor Cousin: De la métaphysique d'Aristote. Paris 1835. Rapport sur le concours etc. p. 105.

[4] Glossner: Jahrbuch für Philosophie und speculative Theologie. 1894. VIII. Bd., S. 1. Vgl. Trendelenburg: Logische Untersuchungen. I. Bd., Vorrede, S. IX.

[5] Melchior Canus: De locis theologicis lib. 7 c. 5, p. 275.

[6] Willmann: Geschichte des Idealismus. I. Bd., S. 563. Vgl. Ch. Bénard: Aristote et Platon. L'Idée de la Philosophie de ces deux philosophes.: Ann. de Phil. chrét. 1895. T. 32, p. 225.; 1896, T. 33. p. 354, 497.

## § 3. Augustinus.

»Absconditia produxit in lucem cognitionis.«
Thomas Aquinas (Sermo 61).

1. Plato und Aristoteles stehen da als zwei Säulen, welche die Mitte der einstigen Welt bezeichnen. Durch diese Säulen fluthet das Meer hindurch, nachdem es die blühende Atlantis des Alterthums verschlungen hat. Sie selbst sind geblieben: und noch immer fahren die Schiffe der Forscher zwischen ihnen hindurch, wenn sie auf neue Entdeckungen hinaussegeln. Als aber die Fülle der Zeiten gekommen, und das Angesicht der Erde erneuert war, schuf der völkerregierende Logos selbst ein Gegenpaar zu jenen Säulen des antiken Herkules, das ihnen ähnlich war in der Form der Nachbildung, in ihrer Harmonie und in ihrer Bestimmung. Diese Säulen bilden die neue Pforte zum Reiche der göttlichen Wahrheit. Durch sie fluthet nicht das allesverschlingende Meer, sondern durch sie führt der Weg zur neuen Atlantis christlicher Philosophie, deren Grenzen kein menschliches Auge erblicken kann. Augustinus und Thomas sind die Atlanten der neuen Welt: denn sie tragen mit ihrer Philosophie das Himmelsgewölbe der christlichen Theologie.

Die Aehnlichkeit zwischen Augustinus und Plato liegt schon in der eigenthümlichen Schwierigkeit, welche das religiöse Element ihres Denkens mit sich führt. Wie bei der Beurtheilung Plato's die religiösen Ueberlieferungen, die er gläubig festhielt, jedem Kritiker, der nicht selbst auf streng monotheistischem Standpunkt steht, unverständlich bleiben; so bildet für die richtige Schätzung der Gedankenwelt Augustinus' sein eigener christlicher Glaube, der das absolute Geheimniss übernatürlicher oder übervernünftiger Wahrheiten und die Thatsache ihrer göttlichen Offenbarung involvirt, die erste, und sein kirchliches Leben die zweite gewaltige Schwierigkeit. Diese Schwierigkeiten dürfen nicht gering angeschlagen werden: sie sind für das Verständnis der augustinischen Philosophie viel grösser als für das der thomistischen; weil Augustinus' Kräfte in den theologischen Kämpfen seiner Zeit aufgebraucht wurden, während für Thomas von Aquino ein weit grösseres Gebiet übrig blieb, worin die natürliche Vernunft ausschliesslich sich bewegte, und wohin ihm deshalb auch der nicht religiös gestimmte und nicht gläubige

Kritiker nachfolgen kann. Die Philosophie ist bei Thomas auch formell viel schärfer von der christlichen Theologie geschieden als bei Augustinus. Daher ist z. B. für Kuno Fischer das Christlich-Uebernatürliche bei Augustinus einfach unverständlich. Ebenso hat Eucken seine Gestalt, trotz aller darauf verwandten Mühe, gründlich verzeichnet, weil der confessionelle Standpunkt des Kritikers die unbefangene Würdigung verhinderte.

2. In dem feurigen Philosophen Afrikas lebten die alten Ueberlieferungen der Völker und das Denken der grossen Weisen des Alterthums noch einmal auf.[1] Die Zahlenlehre des Pythagoras verarbeitete er in ein System der Symbolik und gab ihr durch die Einführung des Formbegriffes einen wesentlichen Fortschritt.[2] Die sokratische Selbsterkenntniss hat er durch die christliche Demuth über das Selbst hinaus zu Gott hingewiesen und sie in diesem höheren Sinne schonungslos gegen sich selbst geübt. In seiner Geistesanlage ist er am meisten mit Plato, den er kannte und ehrte, verwandt und ihm auch in seiner Geistesentwicklung sehr ähnlich. Von ihm nahm er den Seinsbegriff und den beschränkten Antheil der endlichen Dinge am Sein, nicht aber die Erkenntnisslehre. Die platonische Ideenlehre hat er nur nach ihrem verborgenen Wahrheitsgehalte weitergeführt, den Begriff der intelligiblen Welt berichtigt und die Ideen als die Gedanken Gottes festgelegt. Die Wahrheiten, die im Neuplatonismus nicht verdorben waren, benützte er zur Contemplation, ohne jedoch die Erkenntniss der Ideen zu einem Anschauen in Gott zu machen. Thomas von Aquino urtheilt selber: »Wenn Augustinus, der in den Lehren der Platoniker unterrichtet war, in ihren Sätzen etwas fand, was dem Glauben nützlich sein konnte, so hat er es aufgenommen; dasjenige aber, was er als unserem Glauben feindlich fand, das hat er zum Besseren umgewandelt.«[3] »Der augustinische Idealismus«, sagt Otto Willmann, »vollendet zunächst den platonischen und

---

[1] Willmann: Geschichte des Idealismus. II. Bd., S. 231 ff. Nourisson: La philosophie de Saint Augustin, 2. éd. T. 2. Paris 1866, ch. 1, Sources de la philosophie de S. Aug., p. 893 qq.

[2] Augustinus: De libero arbitrio 2, 16 n. 4. Cf. 2, 11. De musica c. 11. 12. Confess. 5, 7 n. 12. J. Kreuser: Der christliche Kirchenbau. Bonn. 1851, I. Bd., S. 519 ff.

[3] Thomas Aquinas: Sum. th. I. q. 84 a. 5 c.

weiterhin den antiken überhaupt; er besitzt in der Heilswahrheit Geschichte und Gesetz, in dem Trachten nach dem Reiche Gottes die echte Mystik, in der Weisheit der Schrift die Wurzeln der Ideen und Formenlehre. Der Kampf mit den Irrthümern und das Ringen mit den grossen Gedanken selbst, lässt ihn diese an den verschiedensten Stellen fassen und befähigt ihn, der Nachwelt eine lebendige Ideenfülle zu hinterlassen, jedem Suchenden Wegweiser und Freund zu werden«.[1]

Aber auch Aristoteles diente ihm. Von ihm lernte er die Logik. Die Bedeutung der Ideen als Formen für die Vermittelung der Erkenntniss ist aristotelisch: die Species, das Bild, welches wir erkennen, ist gerade die Form, von welcher die Wesenheit der Dinge gebildet wird. Seine Erkenntnisstheorie ist im Wesentlichen aristotelisch: der Verstand hat keine eingeborenen Ideen, sondern er liest mit Hilfe der Sinne die in der Körperwelt verwirklichten Gottesgedanken heraus, so dass er sie in ihrer eigenen Wahrheit, die freilich eine gottbegründete und ewige ist, erfasst.[2] Auch den Begriff des möglichen Seins liefert ihm Aristoteles, und er selbst schafft damit den reinen Begriff der Materie,[3] der von jetzt ab heller wird, als er bei Aristoteles erschien. Auch für die Psychologie dient ihm der aristotelische Seelenbegriff als Grundlage. Endlich entnimmt er das Fundament für seine Sociologie, den Begriff der Freundschaft, aus der aristotelischen Koinonia.

3. Augustinus rettete die Wahrheit der menschlichen Erkenntniss gegen den Skepticismus durch psychologische Reflexion, ohne das Selbstbewusstsein zur Hauptquelle der Erkenntniss und zum Princip der Gewissheit zu machen. Für ihn gibt es eine doppelte Erkenntnissquelle, die Sinne und die Vernunft. Der Körper empfindet durch die Seele, und sie formirt durch den Verstand die Botschaft, die ihr durch die Sinne verkündet wird. Die Bilder, welche der Verstand sich gestaltet, haben ihren Ursprung in der unveränderlichen Wesenheit der Dinge selbst, und darum erzeugen sie Gewissheit. Die We-

---

[1] Willmann: Geschichte des Idealismus. II. Bd., S. 257.

[2] Vgl. Glossner: Jahrbuch für Philosophie und speculative Theologie. 1888, II. Bd., S. 162—169.

[3] Augustinus: Confess. 12, 40. 3, 6. 8, 13, 33. De genesi c. Manich. 1, 7.

senheit der Dinge ist aber eine Verwirklichung der göttlichen Ideen, die darum die letzten Principien der Erkenntniss bilden, während sie selbst wieder Abbilder der göttlichen Wesenheit sind: so ist Gott das intelligible Licht, in welchem und von welchem und durch welches alle Dinge geistiger Weise leuchten, d. h. intelligibel sind.

Für das ethische Problem geht er vom Begriff der physischen Willensfreiheit aus, die durch das sittliche Bewusstsein bezeugt ist, und worin er die höchste Vollkommenheit der menschlichen Natur findet. Das freie Streben ist aber nothwendig auf ein höchstes Gut hingerichtet, das wahrhaft Ewige und Unsterbliche, was schon Plato Gott genannt hat. Daher ist Gott als das ewige Gesetz auch das Gesetz aller Handlungen und die Norm aller Gesetze. Das Böse hat aber als Privation und Mangel keine Wirkursache, sondern ist nur durch den Mangel der Ursache da und von Gott um guter Folgen willen zugelassen.

Aber auch der historische Sinn, der durch die Treue, mit welcher Augustinus an der Ueberlieferung hing, genährt wurde und durch die Katastrophen, deren Zeuge er war, nothwendig erwachen musste, machte ihn zum ersten und bis jetzt auch zum einzigen Geschichtsphilosophen im grossen Styl. Die ideale Weltanschauung und die Thatsache der Offenbarung sind die beiden Factoren dieses Systems. Durch ihre Verbindung war überhaupt eine Geschichtsphilosophie erst möglich geworden, die nicht blos aprioristisch construirt, sondern den Thatsachen allein gerecht wird und sie bis in ihre letzten Ursachen, in den Weltplan der freien göttlichen geheimnissvollen Offenbarung verfolgt: damit war erst die christliche Geschichtsauffassung gegeben, in der ein theologisches Moment zu dem philosophischen als formgebend und vollendend hinzukommt. In dem principiellen und welthistorischen Kampfe zwischen der civitas Dei und der civitas terrena lehrt Augustinus, die Geschichte »sub specie aeternitatis«, vom Standpunkte der Ewigkeit zu betrachten.

4. Die Wirkung des Augustinus ist fast unermesslich zu nennen. Er hat nicht nur die christliche Philosophie, sondern auch die socialen Anschauungen und Institutionen des Mittelalters tief beeinflusst und weit darüber hinaus nicht blos in der Kirche fortgelebt, sondern auch noch der modernen Philosophie seine

segnenden Strahlen zugesandt. Von seiner Theologie und ihrem Einfluss sehen wir hier ganz ab. Aber auch der Verbreitung seiner Philosophie kam die kirchliche Autorität zu statten, die ihm in einem Masse zu Theil wurde, wie keinem anderen Lehrer vor ihm.[1] Wenn er nicht blos wegen seiner Theologie sondern auch durch seine Sociologie und Geschichtsphilosophie sich nicht nur den Titel Doctor Ecclesiae, sondern auch im höheren Sinne den Namen Doctor de Ecclesia verdient hat, so hatte Kuno Fischer von seinem parteiischen Standpunkte ein Recht zu sagen: »Er hat die Kirche über sich selbst ins Klare gebracht und hat ihr das Licht angezündet, in welchem die Kirche sich selbst erkannt hat.«[2] Wie sein Werk über den Gottesstaat die Gesetzgebung Karl's des Grossen, der es als Lieblingsbuch las, leitete,[3] so hat seine Philosophie das Recht der Kirche formirt: denn zwei Drittel der Stellen im Decret Gratian's sind als Bestandtheile des kanonischen Rechts aus Augustinus' Schriften geflossen. Als Schöpfer der Theologie des Abendlandes theilte er ihm auch seine Philosophie mit. Sie ging durch Boethius, Isidor von Sevilla, Alcuin, Petrus Lombardus auf Anselm von Canterbury, Albert den Grossen und Thomas von Aquino über, um von da an in dem grossen Strome der christlichen Philosophie weiter zu fliessen.[4]

Der Augustinismus der Renaissance ist eine eigene Nachwirkung, ebenso wie jene augustinisch-platonische Strömung in Frankreich, die den Aristotelismus ergänzen wollte. Das Oratorium des Cardinals de Berulle mit Louis de Thomassin und Fourenenc waren Träger dieses Augustinismus.

In der neuen Zeit ist der Einfluss des Augustinus auf Descartes unleugbar. Bei Martin und Malebranche hat er eine falsche Bahn genommen. Bei Fénelon und Bossuet hat er die Geschichtsphilosophie gefördert. Bei Polignac, Nebridius von Mündelheim und Gusman sind die wohlthuenden Einwirkungen offenbar. Am meisten aber hat in der neuen Zeit wohl Leibniz

---

[1] H. Denzinger: Enchiridion symbolorum et definitionum. Ed. 4 Wirceburgi 1865, n. 86 p. 31.

[2] K. Fischer: Geschichte der neueren Philosophie. S. 46.

[3] Willmann: Geschichte des Idealismus. II. Bd., S. 237.

[4] Willmann: Geschichte des Idealismus. II. Bd., S. 237.

sich in seinem Eklekticismus dem augustinischen Einfluss hingegeben.[1]

5. Die Würdigung des Philosophen von Hippo hören wir am liebsten aus Eucken's Munde, weil sein Lob wohl am wenigsten in den Verdacht der Parteilichkeit kommen kann. »Augustin ist der einzige grosse Philosoph auf dem Boden des Christenthums. Alle Wirkungen und Anregungen seiner Zeit nimmt er in sich auf, um Neues und Grosses aus ihm zu machen.«[2] »Die verschiedensten Richtungen fanden bei Augustin nicht nur eine Anknüpfung, sondern eine prägnante, ja classische Vertretung; er ist der beredteste Dolmetsch ihres innersten Willens. Zugleich aber kann sich hier das eine durch das andere ergänzen, alle unliebsamen Consequenzen lassen sich durch die stets offene Möglichkeit neuer Wendungen abbrechen. Für das Verständniss aller Richtungen hat Augustin einen einzigartigen Werth, insofern sie bei ihm ihren Ursprung aus dem Ganzen des Menschenwesens aufs deutlichste zeigen und ihre besten Triebkräfte mit durchsichtiger Klarheit enthüllen.«[3] Und er schliesst seine Charakteristik mit den Worten: »So ist es wohl besser, ihn keiner besonderen Gruppe und Epoche einzureihen, sondern ihn als eine der wenigen Persönlichkeiten anzuerkennen, aus denen die Zeiten schöpfen, und von denen sie sich über ewige Aufgaben orientieren, die selbst aber jenseits der Zeiten wandeln.«[4]

Leo XIII. charakterisirt ihn in seiner Bedeutung für die christliche Philosophie: »Allen hat Augustinus die Palme vorweggenommen: er, der durch die Uebermacht seines Genies und die Fülle seines Wissens in den heiligen wie weltlichen Wissenszweigen gegen alle Irrthümer seiner Zeit aufs schärfste kämpfte mit dem grössten Glauben und mit gleicher Gelehrsamkeit. Welche Quelle der Philosophie hat er nicht benutzt, oder vielmehr nicht mit dem grössten Fleisse aufgespürt, wenn er sowohl die höchsten Glaubensgeheimnisse den Gläubigen eröffnete und gegen die sinnlosen Anfälle der Gegner vertheidigte,

---

[1] Nourisson: l. c. p. 265 sqq.

[2] Eucken: Die Lebensanschauungen grosser Denker. S. 216. Vgl. Eucken: Geschichte der philosophischen Terminologie. S. 61.

[3] Eucken: Die Lebensanschauungen. S. 248.

[4] A. a. O. S. 250.

oder nachdem er die Fictionen der Akademiker oder Manichäer zerstört hatte, die Fundamente und die Festigkeit der menschlichen Wissenschaft sicher stellte oder den Grund, den Ursprung und die Ursachen der Uebel, von denen die Menschen bedrückt werden, verfolgte? Welch eine Fülle von Fragen über die Engel, über die Seele und den menschlichen Verstand, über den Willen und seine Wahlfreiheit, über die Religion und das Lebensglück, über Zeit und Ewigkeit, und sogar über die Natur der veränderlichen Körperwelt hat er nicht in subtilster Weise erörtert!«[1]

Im Denken des grossen Bischofs von Hippo gestaltete sich die christliche Philosophie in ihrer ersten Form zum systematischen Aufbau. Er hat die heidnische Basilika zur christlichen gemacht. So erfand er den Styl, aus welchem die spätere Zeit ihre romanische Bogen entwickeln konnte. Einfach, aber voll Majestät, ist der Styl Augustins: von aussen noch wenig gegliedert, concentrirt er seine ganze Schönheit im Innern, in gedanklicher Tiefe. Aber in dem mystischen Dunkel unterscheidet das Auge doch schon die Fülle der Theile an den gewaltigen Marmorsäulen, welche die reich decorirte und mit der Kuppel[2] gekrönte Bedachung tragen, und haftet mit staunender Ehrfurcht an den übermenschlichen Mosaiken, die den Triumphbogen der göttlichen Wahrheit schmücken. An ihm steht geschrieben: »quia fecisti nos ad Te, et inquietum cor nostrum, donec requiescat in Te.«[3]

---

[1] Leo XIII.: Encyclica Aeterni Patris. (Rundschreiben, Freiburg. 1881, p. 79): Sed omnibus veluti palmam praeripuisse visus est Augustinus, qui ingenio praepotens, et sacris profanisque disciplinis ad plenum imbutus, contra omnes suae aetatis errores acerrime dimicavit fide summa, doctrina pari. Quem ille philosophiae locum non attigit; imo vero non diligentissime investigavit, sive cum altissima fidei mysteria et fidelibus aperiret, et contra adversariorum vesanos impetus defenderet, sive cum Academicorum aut Manichaeorum commentis deletis, humanae scientiae fundamenta et firmitudinem in tuto collocavit, aut malorum, quibus premuntur homines, rationem et originem et causas est persecutus? Quanta de angelis, de anima, de mente humana, de voluntate et libero arbitrio, de religione et beata vita, de tempore et aeternitate, de ipsa quoque mutabilium corporum natura subtilissime disputavit?

[2] Prudentius: Apotheos. p. 229: Cuius onus nullis fultum sublime columnis Fornice curvato tenui super arce pependit.

[3] Augustin.: Confess. 1, 1.

## § 4. Thomas von Aquino.

»Ille sciat se valde profecisse,
cui Thomas valde placebit.«
Ambrosius Catharinus.

1. Wie in der Vorzeit Aristoteles auf Plato folgte und dessen Werk vollendete, so folgt auf den platonisch angelegten Augustinus der aristotelisch denkende grösste Genius der christlichen Philosophie, Thomas von Aquino.[1] Hier haben wir von den gigantischen Werken beider Lehrer nur den philosophischen Theil zu betrachten: ihre Bedeutung und ihr gegenseitiges Verhältniss in der Theologie darzustellen, gehört nicht zu unserer Aufgabe.

Plato und Aristoteles stehen sich als Lehrer und Schüler gegenüber: freilich ward der Schüler selbst »der Meister aller, die ein Wissen haben«, ohne doch die Grösse seines Lehrers zu verkleinern. Das Verhältniss von Augustinus zu Thomas besagt aber viel mehr: es wiederholt nicht nur, sondern überbietet noch das Verhältniss, welches zwischen den beiden grössten Weisen des Alterthums besteht; denn Thomas ist mehr Augustinianer, als Aristoteles jemals Platoniker genannt werden kann. Thomas selbst gibt uns in seiner von Augustinus ererbten speculativen Lehre der Theologie über den Ausgang des göttlichen Wortes aus dem Vater das höchste Vorbild und die Form für die rein philosophische Erkenntniss der geistigen Erzeugung des Gedankens oder der Idee. Die unendliche Fruchtbarkeit des erkennenden Intellects bringt in der ewigen göttlichen Selbsterkenntniss das innere gedankliche ewige Wort als Resultat hervor, welches das getreue Ebenbild des Erkannten und somit ihm wesenhaft gleich ist. So ist auch die Idee oder das geistige Wort der letzte Terminus der Evolution und Activität des menschlichen Intellects. Die geistige Erkenntniss überhaupt ist daher wahrhaft eine Art von Zeugung, ohne die Unvollkommenheiten, welche dem körperlichen Generationsvorgange anhaften. Der Begriff »Zeugung«, so lehrt Thomas »bezeichnet den Ursprung eines lebendigen Wesens von einem

---

[1] Vgl. Haffner: Grundlinien der Geschichte der Philosophie. Mainz 1881, S. 374, 564. Willmann: Geschichte des Idealismus. II. Bd. § 75, S. 457ff.

mit ihm verbundenen lebendigen Princip, und zwar gemäss der wesenhaften Aehnlichkeit, die sich in der specifisch gleicheu Natur beider vorfindet«.[1] So dürfen wir den kühnen Vergleich wagen: Augustinus erzeugte durch die Fruchtbarkeit seiner philosophischen Principien, die von selbst zu ihrer Fortentwicklung drängen, eine Philosophie im Geiste des Aquinaten, die ihrem ganzen wesentlichen Inhalte nach der augustinischen congruent ist. Thomas ist der geistige Sohn, der durch seine Denkconsequenz die Tiefen der väterlichen Erkenntniss offenbar macht; indem er den Vater in der Ausgestaltung der Gedanken übertrifft, vermehrt er nur den Ruhmesglanz dessen der einen solchen Sohn hervorgebracht hat. Gerade die augustinische Erkenntnisslehre findet erst in der Philosophie des Aquinaten ihren endgiltigen Abschluss; denn durch die thomistische Lehre von dem geistigen Abbild (species intelligibilis) und dem thätigen oder wirkenden Verstande wird erst die augustinische Species, die an sich nur die Wesensform des Dinges, also des Erkenntnissobjects bezeichnet, und ebenso das unerschaffene Licht des Verstandes genau gefasst und vor jeder Missdeutung geschützt. Und überall, wo Augustinus nur das Problem gefunden und richtig gestellt hat, gibt Thomas die letzte Lösung. Die thomistische Philosophie ist gerade deshalb der fertig gewordene augustinische Gedanke. So macht erst Thomas die augustinische Speculation zum monumentum aere perennius.

Wie Plato's ideale Zeichnung von Aristoteles' bessernder Hand noch mit den Farben der Realität vollendet wurde, so wurde auch die ideale Speculation Augustinus' von Thomas nicht so sehr corrigirt, als geklärt und erklärt. Philosophirt Augustinus in platonischer Form, so thut es Thomas nach aristotelischer Methode. Gleich Plato machte auch Augustinus seine Wandlungen durch, ja sein feuriger Wille hatte noch grössere Kämpfe mit sich selbst zu bestehen, als der griechische Weise: beide fühlten die Sehnsucht nach der ewigen Heimat. Augustinus sucht und ringt nach der göttlichen Wahrheit im innersten Herzenskampf. Er sieht, wie das ungeheure Weltreich der Römer von Barbarenhänden zerschlagen wird, und stirbt in dem Momente, wo die

[1] Thomas Aqu.: Sum. th. I. q. 27a. 2 c.

dunklen Mächte das Gottesreich auf Erden zu zerstören drohen. Er schaut die Einheit der Ordnung, die er metaphysisch erkannt hat, als Friedensideal der christlichen Gesellschaft nur von ferne voraus; aber es ist ihm nicht gestattet, das gelobte Land zu betreten. Die Kunst hat ihn dargestellt mit dem flammenden Herzen in der Hand und mit der Sonne auf der Stirn: unde lucet, inde ardet. Für Thomas haben die Künstler mit richtigem Takt die Symbole vereinigt, sie malen den Fürsten der Scholastik mit der Sonne über dem Herzen selbst. In seliger Ruhe betrachtet er die Fülle der sicheren Wahrheit; denn sein inneres Leben war ruhig wie der Spiegel des klaren Sees. Für seine Philosophie gilt das Wort, welches der Verfasser der Nachfolge Christi geschrieben hat: »Wem alles Eins ist, und wer alles auf das Eine bezieht und alles in dem Einen sieht, kann im Herzen stabil sein und in Gott friedlich verbleiben.«[1] Er genoss die Betrachtung der Wahrheit im vollen und reichen katholischen Leben der christlichen Staatenfamilie: darum konnte er die Segnungen des Friedens, den er im Herzen trug, mit königlicher Freigebigkeit austheilen. Der grosse historische Ausblick des Augustinus fehlt auch Thomas nicht, wie einige meinen. Augustinus hatte gelehrt, die Welt vom Standpunkte der Ewigkeit zu betrachten und den Lauf der Geschichte bis dahin zu verfolgen, wo die Gerechtigkeit zum Weltgericht werden soll. Thomas aber, der sich auf diesen Standpunkt stellte, erkennt auch die Coexistenz der weltzeitlichen Geschichte mit der Ewigkeit Gottes: er sieht, wie auch die vergangenen und die zukünftigen Dinge, ebenso wie der Augenblick der Gegenwart dem Sein und der Dauer des unwandelbaren göttlichen Geistes gleich gegenwärtig in Wahrheit da sind. Im ewigen Plane der göttlichen Vorsehung, der nichts entrinnt, findet er die Ordnung der Geschichte und dringt in die ewigen Willensentschlüsse Gottes und in ihre zeitliche Ausführung ein. Aber er bleibt nicht blos auf dieser Höhe stehen, sondern steigt in seinen politischen Schriften auch zu den Einzelheiten des geschichtlichen Lebens hinab,[2] indem er ihre ursächliche Verkettung erklärt und ihre Ziele bestimmt.

[1] De imitatione Christi: l. 1 c. 3 v. 2: Cui omnia unum sunt, et qui omnia ad unum trahit, et omnia in uno videt, potest stabilis corde esse, et in Deo pacificus permanere.

[2] Vgl. Simon Deploige: Saint Thomas et la question juive. Louvain 1897,

Ein Jurist, Eduard Crahay, Advocat am Appelhof zu Brüssel, beschliesst seine Studie über die Politik des Aquinaten mit den Worten: »Ausserhalb des Glaubens an den persönlichen Zweck der Individualitäten kann es keine wahre Politik geben, die irgend eine Garantie gegen die schlimmste Verletzung des Rechtes gewährt. Weil die mittelalterliche Politik des hl. Thomas von Aquino diese Wahrheit behauptet hat, deshalb bleibt sie auch heute noch mit einer unvergänglichen Grösse erfüllt.«[1]

2. Nicht von Augustinus allein hat Thomas gelernt, sondern sich gerade darin als sein ebenbürtiger Geisteserbe erwiesen, dass er die gesammte christliche Tradition, in welcher sich die Ströme des Platonismus und Aristotelismus vereinigt hatten, in sich sammelte. »Weil er die alten heiligen Lehrer aufs höchste verehrt hat, darum ist gewissermassen der Gesammtverstand von allen sein Antheil geworden«, wie Cajetan, sein grösster Erklärer, sinnig gesagt hat.[2] Neben Augustinus sind es besonders die unter dem Namen Dionysius' des Areopagiten überlieferten Schriften, aus deren durchaus christlichem Gehalte Thomas schöpft, und die er mit Liebe commentirt hat. Damit ist schon sein Anschluss an den Platonismus angezeigt: hat er doch selbst noch kurz vor seinem Tode mit der Erklärung des Timäus sich beschäftigt.[3] Unter der Leitung Albert's des Grossen, der ein des Aquinaten würdiger Lehrer war und zuerst die aristotelischen Schriften der christlichen Philosophie überwiesen hatte, war Thomas in das Textstudium derselben eingeführt und dazu meisterhaft angeleitet worden. Um sie richtig commentiren zu können, veranlasste er selbst eine neue Uebersetzung durch seinen Ordensgenossen Wilhelm von Mörbeke und

---

p. 7: Or ses dispositions à leur égard peuvent se résumer en deux mots: »Point d'hostilités. Rien que des mesures défensives. Liberté pour les Juifs. Protection pour les Chrétiens.«

[1] Edouard Crahay: La politique de Saint Thomas d'Aquin. Louvain 1897. En dehors de la croyance à la fin personelle des individualités, il semble qu'il ne puisse y avoir de vraie politique, fournissant une garantie quelconque contre la plus désastrueuse violation de droit. C'est pour avoir affirmé cette vérité profonde, que la politique médievale de Saint Thomas d'Aquin reste empreinte, encore aujourd'hui, d'une impérissable grandeur.

[2] Cajetanus: Comment, in Sum. theol. II, q. 148 a. 4 fin.

[3] Vgl. Ch. Huit: Le Platonisme au XIII[ième] siécle: Ann. de Phil. chrét. 1889. T. 21, p. 466 sqq.

widmete ihrer Erklärung einen grossen Theil seiner kurzen Lebenszeit. Er findet auch keinen unlöslichen Widerspruch zwischen den beiden Griechen, sondern erkennt ihre principielle Uebereinstimmung und sucht ihn erfolgreich auszugleichen. Wenn er Aristoteles häufiger benützt als Plato, so geschieht dies deshalb, weil er für die strenge Speculation sich nicht der bildlichen Darstellung des letzteren bedienen kann, obwohl er die verborgene Kraft des platonischen Mythos sehr wohl anerkennt. In dieser Versöhnungsarbeit tritt er in Augustinus' Fussstapfen ein. »Thomas fühlte sich im Stande, seine Auffassung der platonischen Ideenlehre mit der Autorität des Stagiriten zu decken. Weit entfernt, dass er die Gestalt, in welcher das System Plato's bei Augustinus von der, in welcher es bei Aristoteles erscheint, nicht gehörig sonderte, strebt er vielmehr darnach, mit jenem im Einvernehmen zu bleiben, ohne genöthigt zu sein, mit diesem zu brechen.«[1] In der Erkenntnisstheorie folgt er Aristoteles; er folgt ihm aber nirgends sclavisch, sondern er erkennt die Fehler und modificirt die Lehre desselben. Endlich ist er ebensowohl Kenner der jüdischen Literatur wie der früheren Scholastik und gebraucht beide kritisch.

3. Thomas hat die Welt des speculativen Wissens in eine dreifache Ordnung gegliedert: das Reich des Gedankens oder die logische Ordnung, das Reich des Seins oder die reale Ordnung und das Reich des Willens oder die ethische Ordnung. Die Logik ist ihm das Werkzeug der Philosophie. Die reale Ordnung gliedert er nach den Stufen der Abstraction oder des Erkenntnissgrundes in Physik, Mathematik und Metaphysik. Die Ethik, welche die freien Willenshandlungen in ihrer Zweckmässigkeit erforscht, subalternirt er dem Theile der Physik, welchen wir heute Psychologie nennen.

Mit Aristoteles baut Thomas die Philosophie, deren Erkenntniss er aus der Erfahrung abgeleitet hat, auf das Princip der Seinsanalogie auf. Damit gewinnt er die Begriffe des möglichen und wirklichen Seins sowie der Materie und Form. Die Materie ist nicht blos eine ideale Möglichkeit, sondern die reale passive Potenz, gleichsam der Keim zum Körpersein; die

---

[1] Victor Lipperheide: Thomas von Aquino und die platonische Ideenlehre. München 1890, S. 128.

Form dagegen ist die das Wesen bestimmende Macht, welche jene Anlage ergänzt und verwirklicht. In der Durchführung dieser Principien erkennt er den alles durchdringenden Dualismus an, der thatsächlich gegeben ist, die Seinszusammensetzung des unvollkommenen endlichen Seins in der Unterscheidung von Potenz und Act, von Wesenheit und Dasein, von Natur und Hypostase, von Existenz und Subsistenz. Dieser Dualismus der Welt ist aber kein Nebeneinander unabhängiger Principien, sondern ein von der höchsten und alles durchwirkenden ersten Ursache, die das erste und lautere Wirkliche ist, motivirter. Je höher nämlich die Form ist, und je mehr Seinswirklichkeit in ihr liegt, desto mehr herrscht sie gestaltend über die Materie und erhebt letztere zu ihrer eigenen Höhe empor. Da aber jedes Ding gerade durch seine Form sich bethätigt, die ihm ein bestimmtes Sein verleiht, so muss das Quellprincip des ganzen Seins auch ebenso das Princip von allem Wirken sein, welches die Dinge ausüben, wie es ja auch die Quelle aller und jeder Form ist.[1] Indem Thomas im zweiten Grundprincip den Gottesbegriff, den er auf dem Wege der Ursächlichkeit, der Verneinung und der Steigerung aposteriorisch aus den Wirkungen erkannt hat, als actus purus formulirt, kann er den ganzen Inhalt des Begriffes ableiten. Denn die natürliche Vernunft gelangt auf diesem Wege nur zur Gewissheit einer ersten Ursache, die als solche actus purus ist, deren innere Wesenheit jedoch ein unendliches absolutes Geheimniss ist. Der Philosoph muss sich bescheiden, dass er das Dasein Gottes erkannt hat. Der Theologe betrachtet allein die Wesenheit Gottes, aber nur mit dem höheren übernatürlichen Lichte des geoffenbarten Glaubens. Als drittes Grundprincip gilt der Satz, dass die Thätig-

[1] Thomas Aq.: Sum. th. I q. 16 a. 1 c: Quanto forma est nobilior, tanto magis dominatur materiae corporali et minus ei immergitur et magis sua operatione vel virtute excedit eam. (Vgl. J. B. Tornatore: Expositio Principii traditi a D. Thoma Aquinate ad naturam investigendam rei materialis et rei immaterialis. Placentiae 1882, cap. 2, p. 31 sqq. De humanae cognitionis modo origine ac profectu ad mentem S. Thomae Doctoris Angelici Supplementum. Placentiae 1891, p. 181 sqq.) Sum. c. gent. 1,68: cum quaelibet res operetur per suam formam, a qua est aliquod esse rei, oportet fontale principium totius esse, a quo est etiam omnis forma, omnis operationis principium esse; cum effectus causarum secundarum in causas primas principalius reducantur.

keiten und ihre habituellen Vollkommenheiten sich teleologisch durch ihre Objecte und zwar specifisch unterscheiden: und damit gewinnt Thomas die Möglichkeit, die natürliche Ethik und gleichzeitig auch die praktischen Wissenschaften, an deren Charakter die Ethik einen Antheil hat,[1] zu construiren. So ergibt sich ein allesumfassendes, abgeschlossenes und grossartig durchgeführtes System des natürlichen Wissens in thetischer Form, das er inductiv aus der Erfahrung durch die abstrahirende Vernunftfolgerung hergestellt hat.[2]

4. Die Zeit selbst hat die Bedeutung des Aquinaten längst ausser Zweifel gestellt und die Universalität seines Einflusses bezeugt. Wenn irgend etwas eine Beweiskraft für die Bedeutung eines philosophischen Systems hat, so muss die Thatsache einer sechshundertjährigen ununterbrochenen Herrschaft der thomistischen Philosophie innerhalb der christlichen Philosophie dafür angesehen werden. Die Gegenströmungen anderer Schulen sind gekommen, um wieder zu verschwinden. Der Scotismus ist im Thomismus untergegangen. Der Nominalismus, soweit er in der christlichen Philosophie sich geltend machte, ist jedesmal noch siegreich durch den thomistischen Realismus überwunden worden. Die Kirche hat mehr als einmal nicht blos die Theologie, sondern auch die Philosophie des Aquinaten als die ihrige erklärt, was nichts anderes heisst, als dass sie mit der christlichen Philosophie identisch ist. Von Thomas ging die philosophische Tradition, die wir hier allein zu betrachten haben, durch seine Schüler Aegidius von Rom und Hervaeus Natalis über auf Capreolus, den sogenannten Fürsten der Thomisten; durch ihn weiter auf den grossen Metaphysiker des XV. Jahrhunderts, Paulus Soncinas, ebenso auf Hieronymus Savonarola, dann auf Cajetan, Dominicus Soto und Franciscus Vittoria. Von Cajetans Schüler, Chrysostomus Javellus, vererbte sich die Lehre weiter auf Didacus Masius, Johannes a. S. Thoma, Philippus a. SS. Trinicitate, Johannes Paulus Nazarius, Marcus Serra, Xantes Mariales, Nicolaus Arnu, Joh. Bapt. Gonet, Casimir Guerinois, Paulus

[1] Vgl. W. H. Nolens: De Leer van den H. Thomas van Aquino over het Recht. Utrecht 1890.

[2] Vgl. Antonius Reginaldus. Ord. Praed.: Doctrinae Divi Thomae Aquinatis Tria Principia cum suis consequentiis. (Tolosae 1649.) Ed. nova i s 1878.

Cavinus, Johannes Syrus bis auf Roselli, Plassmann, Zigliara, Gonzalez — um der Lebenden nicht zu erwähnen, und treibt in der Gegenwart neue Sprossen. Nach Cajetan begann aus derselben Quelle eine andere grosse Schule, die an Petrus, Fonseca, Franciscus Toletus und Franciscus Suarez anknüpft und in freierer Stellung und kritischer Art sich ebenfalls fortentwickelte, jetzt aber wieder mehr als früher den Anschluss an die alten Traditionen zu erreichen sucht, wie namentlich Kleutgen, Liberatore und Cornoldi beweisen, um auch hier die noch lebende Generation nicht zu nennen. Die Geschichte der thomistischen Philosophie kann hier mit wenigen Worten nicht gezeichnet werden. Der Einfluss, den Thomas auf die neue Philosophie geübt hat, zeigt sich direct bei Campanella und besonders bei Giordano Bruno, auch bei Descartes und später wieder bei Leibniz. Die philosophiegeschichtlichen Studien, welche jetzt auch auf seine Philosophie ausgedehnt werden, eröffnen seiner besseren Würdigung mehr als eine blosse Hoffnung.

5. Es bedarf nicht vieler Zeugen für die Würdigung der Philosophie des Aquinaten.[1] Die ägyptische Finsterniss, in welcher Tennemann sich bewegte, ist längst gewichen. Er konnte noch sagen: »Thomas besass wirklich philosophischen Geist, viel Kenntnisse und Belesenheit, mit grossem Eifer für die Beförderung des gründlichen Wissens verbunden.«[2] Der ehrliche Mussmann ging in seiner Anerkennung schon viel weiter; »Wie sein Lehrer (Albert), aristotelischer Realist, brachte sein hell und frei denkender Geist nicht nur überhaupt grössere Klarheit in die überkommenen Massen des Wissens, und noch grössere Bestimmtheit in die einzelnen metaphysisch-dialektischen Begriffe, sondern strebte er auch mit solchem Eifer zu dem Ziele alles seines Philosophirens, zur rationalen Wissenschaft der christlichen Theologie, dass er in Wahrheit darin auch das Vorzüglichste geleistet hat, wozu der christliche Geist auf dieser

[1] Eine Auswahl der älteren Urtheile gibt Vielmius: Hieronymi Vielmii Ordinis Praedicatorum Episcopi Aemoniensis de divi Thomae Aquinatis doctrina et scriptis. . . libri duo (Pataviae 1564). Brixiae 1748, ib. 2, p. 124 sqq.

[2] W. G. Tennemann: Grundriss der Geschichte der Philosophie. 3. Aufl. Leipzig 1820, § 259, S. 210.

Entwicklungsstufe und unter diesem Einflusse überhaupt wohl fähig war; und weshalb er auch mit Recht den Namen des grössten Theologen seiner Zeit erhalten hat.«[1] H. Ritters günstiges Urtheil ist zu bekannt, um es hier zu wiederholen. Saisset sagte von Thomas: »Dieses weite und durchdringende Genie, dieser Aristoteles des XIII. Jahrhunderts, fähig alles zu begreifen und alles zu wagen, setzte seinen Ruhm darein, nur der genaue und getreue Interpret der christlichen Lehre zu sein: Expositor et definitor.«[2] Victor Cousin meint: »Der hl. Thomas, so gross er als Theologe ist, hört niemals auf, dem philosophischen Geiste treu zu sein.«[3] Jules Simon hatte schon früher behauptet: »Er ist ein tiefer Philosoph, ein eminenter Denker. Hauptsächlich zur Metaphysik und Moral gewandt, stieg er zu den höchsten Principien dieser beiden Wissenschaften auf, vertiefte sie zu wahrhafter Philosophie und entwickelte daraus die Consequenz mit einer Strenge, einem Geiste der Folge, einer Methode, die seiner Philosophie einen Charakter der Regelmässigkeit und einer ganz besonderen Grösse geben und aus dem Hauptwerk seiner Schriften eine wahre Encyklopädie des menschlichen Wissens im XIII. Jahrhundert machen.«[4] Rudolf Ihering's Aeusserungen über Thomas

[1] Joh. G. Mussmann: Grundriss der allgemeinen Geschichte der christlichen Philosophie mit besonderer Rücksicht auf die christliche Theologie. Halle 1830, § 61, S. 89.

[2] Saisset: Essais sur la philosophie et la Religion au XIX[ième] siècle. Paris 1845, p. 49: Le théologien par excellence, l'Ange de l'École, ce vaste et pénetrant génie, cet Aristote du XIII[ième] siècle, capable de tout comprendre et de tout oser mit sa gloire à n'être que l'exacte et fidèle interprete de la doctrine chrétienne, — Expositor et definitor. Précurseurs et Disciples de Descartes. Paris 1862, p. 271: Voici s. Thomas, le maître des maîtres, qui Aristote d'une main, la Bible de l'autre se dispose à résumer tous les travaux de son siècle dans une encyclopédi gigantesque et à écrir pour l'instruction des âges futurs cette immortelle Somme, où tous les problèmes de la science et de la foi sont décomposés dans leurs éléments, régulièrement discutés, magistralement résolus, où la sagesse profane représentée par le Philosophe contracte un mariage qui semble indissoluble avec la science sacrée: monument unique par l'ordre, la proportion, la grandeur de l'ensemble, comme par la finesse, l'abondance et la précision des détails. Certes, si jamais la science humaine a présenté l'image de l'éternel et de définitif c est au siècle de s. Thomas.

[3] Victor Cousin: Histoire génerale de la Philosophie depuis les temps les plus anciens jusqu'au XIX[ième] siècle. Paris 1867. p. 243.

[4] Jules Simon: Manuel de la Philosophie à l'usage des Colleges. Paris 1846, p. 597: Saint Thomas d'Aquin, l'Ange de l'École moins érudit

sind auch zu bekannt geworden, als dass wir sie hier wiedergeben müssten. Kuno Fischer urtheilt: »Thomas hat den Kirchenglauben zu einem System abgeändert, welches unvergleichlich dasteht und seinem Urheber den Ruhm des kirchlichen Philosophen in eminentem Sinne verdient hat.«[1] Eucken endlich schreibt: »Thomas' Verdienst ist der Ausbau, die systematische Durchbildung einer allumfassenden christlichen Weltanschauung; er hat das Christenthum zur Cultur und Wissenschaft in engere Beziehung gesetzt und bei sicherer Wahrung der Herrschaft der Religion auch den anderen Gebieten ein eigenthümliches Recht gegeben.«[2]

6. Alle Ströme des gesammten antiken Quellengebietes der philosophischen Ueberlieferung nimmt Thomas in sich auf; sie münden, wie Otto Willmann schön gesagt hat,[3] in das weite Seebecken: ihr Schutt versinkt in seine Tiefen, aber der Spiegel des Sees bleibt unbewegt und ungetrübt. Ebenso wie er an Aristoteles, der als Katechumen in der Schule Albert's des Grossen erscheint, gleichsam die Taufe vollzogen hat,[4] so hat er auch die ganze antike Philosophie mit der christlichen Speculation der Väter ausgesöhnt, nicht äusserlich dialectisch, sondern organisch. Die gewaltige Arbeit des frühen Mittelalters, der aufblühenden Scholastik, wurde von Thomas zu einem befriedigenden Abschluss geführt. Er berichtigt die innerchristlichen Irrthümer der Speculation: so macht er Abälard und Roscelin unschädlich. Er vernichtet die jüdisch-arabischen Irrthümer, Pantheismus und Rationalismus, indem er dabei von Juden und Arabern Schätze

qu' Albert est en revanche un philosophe profond, un penseur éminent. Tourné surtout vers la métaphysique et la morale il remonta aux principes les plus élevés de ces deux sciences, les approfondit en philosophie véritable et en développa les consequences avec un rigueur, un esprit de suite, une méthode qui donnent à sa philosophie un caractère de régularité et de grandeur tout particulier, et font du principal de ses écrits la Somme une véritable encyclopédie la science humaine au XIII[ième] siècle.

[1] K. Fischer: Geschichte der neueren Philosophie. S. 66.

[2] Eucken: Die Lebensanschauungen u. s. w. S. 254.

[3] Willmann: Geschichte des Idealismus. II. Bd. S. 456.

[4] Lilla: S. Tommaso filosofo, in relazione con Aristotele e Platone. Napoli 1880, p. 182: Dall' esame fatto si raccoglie che S. Tommaso oppugno molte teorie fondamentale di Aristotele, oltre modifico e rifece con più sani criteri e megliori determinazioni: ed infine quelle chea dotta nell' interpretarle vi specchia sempre un raggio di luce della sua mente serena e profonda.

des Wissens erbeutet. Er schlichtet den langen Streit zwischen Nominalismus und Realismus und trägt einen glänzenden Sieg über den Averroismus davon, den er sein ganzes Leben hindurch bekämpft hat.[1] So bezeichnet er den Höhepunkt der Scholastik und des Mittelalters.

Aber er hat noch viel, unvergleichlich viel mehr gethan. Zunächst hat er der Philosophie feste Grenzen vorgezeichnet und sie in ihrem Recht und in ihrer Selbständigkeit gegenüber der Theologie festgegründet, ohne der letzteren Rechte zu schmälern; indem er scharf und consequent zwischen den natürlichen Vernunftwahrheiten und den übernatürlichen Glaubensgeheimnissen unterscheidet. Dadurch hat er den Streit zwischen Glauben und Wissen im Princip gelöst und die berechtigte Autonomie der Philosophie und Theologie in ihrer gegenseitigen Harmonie gewahrt. Die Aufgabe der Philosophie erfasst er aber als ursächliche Erkenntniss der ganzen Weltordnung, sowohl in der Erkenntniss ihrer Wahrheit wie in der principiellen Ueberwindung des Irrthums. Indem er seine Principien als wahr erweist, die er aus den verschiedenen Meinungen kritisch gewinnt, überwindet er nicht nur die historischen Irrthümer, sondern deckt auch für jede Lehre die Quelle des Irrthums auf, so dass er die Verirrungen späterer Zeiten schon voraus erkennen und principiell widerlegen konnte. Darin gerade liegt seine grösste Bedeutung für die immerwährende Philosophie, der er nicht blos Lehrer, sondern ein Prophet geworden ist. Mit seinem fast übermenschlichen Verstande, der in wenigen Allgemeinbegriffen eine Fülle von besonderen Wahrheiten erkennt — was nach seiner Lehre den eigenthümlichen Vorzug der reinen Geister bildet — ist er wahrhaft der Engel der Schule geworden: doctor angelicus.

Was Augustinus nur prophetisch vorgezeichnet, Albert der Grosse geplant hat, das hat Thomas verwirklicht: den gothischen Dom der christlichen Philosophie. Sein Grundriss ist dem Kreise der Ewigkeit eingezeichnet. »Das fliessende Licht« der

---

[1] Guilelmus de Tocco: Vita Thomae Aq.: Mirum est, quam graviter, quam copiose S. Thomas in illam vanissimam sententiam semper inveheretur. Captabat ubique tempora, quaerebat occasiones, unde ipsam traheret in disputationem, pertractam vero torquebat, exagitabat, monstrabatque non a christiana solum, sed ab omni quoque alia, peripateticaque praecipue philosophia dissentire. Schneid: Aristoteles in der Scholastik. S. 29 ff.

Gottessonne strömt durch die farbenreichen Glasgemälde, welche die hohen Spitzbogenfenster füllen, hinein und macht durch die Verbindung des Kreuzgewölbes mit einem ausgebildeten Strebesystem die leichte und dennoch sichere Gliederung der schweren Massen durchsichtig. Der Bau strebt nach oben; denn er erhebt sich von den geschaffenen Dingen zur letzten oder vielmehr zur ersten Ursache, zur causa causarum, um welche anderthalb tausend Jahre früher schon Plato die Ideen kreisen liess; und er endet in den himmelanstrebenden Thürmen der Gotteserkenntniss, von denen die Glocken feierlich und freudig durch die weite Welt erschallen.

So ist Thomas der Friedensfürst der immerwährenden Philosophie geworden und der letzte der vier grossen Lehrer; die Principien sind in seiner Lehre zum Abschluss gekommen, wenn auch der Ausbau derselben alle künftigen Geschlechter beschäftigen muss. Wenn die Philosophie Weisheit ist, wie jene Lehrer sagen, so sendet sie ihre Strahlen auf die Häupter ihrer Jünger: diese aber umringen ihre Sonne und bilden zusammen gleichsam die vier Haupttugenden, in denen die wahre Weisheit widerstrahlt. Plato's Philosophie ist Mässigung, die das begierliche Strebevermögen der Seele leitet: sie lehrt die sokratische Mässigung des natürlichen Wissensdurstes, zügelt die niederen Begierden, übt die Enthaltsamkeit im Gebrauche der irdischen Güter und führt uns dadurch auf den Weg zum höchsten idealen Gut, zu Gott. Aristoteles' Philosophie ist Starkmuth, der das zornmüthige Strebevermögen leitet: sie befähigt uns zur Ueberwindung der Denkschwierigkeiten, benimmt die Furcht und schützt vor Verzweiflung beim Suchen nach Wahrheit, ermuthigt uns im Kampf gegen den Irrthum, gibt uns Hoffnung, die erste Ursache zu finden und lehrt, die Lüge in edlem Zorne zu bestrafen. Die Philosophie des Augustinus ist Gerechtigkeit; denn sie schafft die rechte Ordnung des Willens und macht ihn dadurch selbst gut, indem sie ihn mit dem ewigen Gute fest verbindet: »mihi autem adhaerere Deo bonum est.« Thomas endlich vollendet die Betrachtung der Wahrheit selbst und verleiht dem Verstand des Menschen durch die Gotteserkenntniss die letzte Vollkommenheit: sie ist Klugheit, die königliche unter den vier Haupttugenden.

---

III.

# Die christliche Philosophie.

## § 1. Das Recht der christlichen Philosophie.

1. Die beiden christlichen Meister haben auf dem Boden des historischen Christenthums eine Philosophie geschaffen, die wir die christliche nennen können, weil der Einfluss der christlichen Lehre sich an ihr zweifellos offenbart. Diesen Einfluss geben auch diejenigen zu, welche die Berechtigung einer eigenartigen christlichen Philosophie bestreiten. Eucken anerkennt, dass durch das Christenthum »eine gewaltige Wendung im Gesammtbegriff des Geistes sich vollzogen hat«,[1] und schliesst seine Betrachtung mit den Worten: »So ist das Christenthum mit allen seinen Problemen und Missständen thatsächlich die bewegende Macht der Weltgeschichte, die geistige Heimat der Menschheit geworden und in Wahrheit auch da geblieben, wo der Widerspruch gegen die kirchliche Fassung das Bewusstsein vollständig beherrscht.«[2]

Das Christenthum selbst ist eine Thatsache, die sich rein historisch nicht erklären lässt und in ihrer ganzen Erscheinung und Wirksamkeit einen göttlichen Ursprung anzeigt, der die Anerkennung einer ausserhalb der Naturgesetze liegenden übernatürlichen Kundmachung und Belehrung oder Offenbarung Gottes für die Menschheit gebieterisch fordert. Mit dieser höheren Belehrung des Menschen durch eine göttliche Mittheilung von Wahrheiten, welche die Vernunft theils nicht rein, theils gar nicht aus sich selbst erkennen konnte, war aber schon ein Antrieb zur Neugestaltung der Philosophie nothwendig gegeben,

---

[1] Eucken: Die Lebensanschauungen der grossen Denker. S. 162.

[2] A. a. O. S. 187. Vgl. R. Rocholl: Die Philosophie der Geschichte. II. Bd. Göttingen 1893. S. 243 ff.

und ein neuer Wahrheitskeim in die irdische Vernunft eingepflanzt worden. Nicht nur die Vertheidigung und Begründung des neuen Glaubens mit seinem geheimnissvollen Inhalt, sondern auch die speculative Durchdringung desselben, für die es eine Anlage gibt in dem natürlicheu Erkenntnissvermögen des Menschen, verursachte eine christliche Philosophie im Anschluss an die Wahrheitsresultate des antiken speculativen Wissens. Unter christlicher Philosophie haben wir daher nicht die subjectiven Denkversuche der einzelnen gläubigen Philosophen zu verstehen, auch nicht den planlosen Eklekticismus, der nur äusserlich den Widerspruch gegen den Glauben und das Dogma zu vermeiden trachtet, sondern die Philosophie, die aus dem christlichen Gedankenkreise hervorgegangen, innerlich von der Wahrheit der christlichen Lehre erfüllt ist und von den Principien der letzteren vorwärts getrieben wird. Augustinus fasst ihre Aufgabe so: sie hat den Glauben zu erzeugen, zu ernähren, zu vertheidigen und zu bekräftigen.[1] Diese Aufgabe, welche sie dem Glauben gegenüber hat, löst sie durch den Beweis der natürlichen Vernunftwahrheiten, die der Glaube selbst voraussetzt, und die ihn für die Vernunft ermöglichen; ferner durch die Widerlegung der Zweifelsgründe und Irrthümer, welche gegen die Glaubenswahrheiten vorgebracht werden; und endlich durch den Nachweis speculativer Gründe für die Vernunftgemässheit der Glaubenslehren, die uns dadurch im höchsten Grade wahrscheinlich werden, wenn sie auch als wahre Geheimnisse niemals vollkommen erkannt und apodiktisch bewiesen werden können.[2]

2. In dieser Fassung ihrer Aufgabe, wie sie von den Meistern vollzogen ist, besteht die christliche Philosophie neben der christlichen Theologie, nämlich der auf die Offenbarung gegründeten höheren Glaubenswissenschaft, zwar in vollkommener Harmonie, aber in scharfer Sonderung und berechtigter Selbst-

---

[1] Augustinus: De Trinit. 14, 1, n. 3; per donum scientiae fides saluberrima gignitur, nutritur, defenditur. Vgl. Thomas Aq.: Sum. th. I. II, q. 6 a. 1, ad 1. Bonaventura: Sent. 3, D. 35, dub. 2.

[2] Augustinus: De Trin. 9, 4 sqq.; 10, 11. 12. Thomas Aq.: Sum. th. I q. 32, a. 1: Quae fidei sunt, non sunt tentanda probari nisi per auctoritates his, qui auctoritatem suscipiunt; apud alios vero sufficit defendere, non esse impossibile, quod praedicat fides. Ib. q. 1 a. 8.

ständigkeit. Die Principien der Philosophie sind die obersten Vernunftwahrheiten, aus denen die Vernunft allein die übrigen Wahrheiten schlussfolgernd entwickelt. Die Principien der Theologie sind dagegen ganz anderer Art; sie gehören nicht mehr der natürlichen Vernunftordnung an, sondern sind die von Gott auf übernatürliche Weise mitgetheilten göttlichen Wahrheiten, die für uns dunkle Geheimnisse bleiben, so dass wir ihrem Inhalt nur durch den Glauben unsere Zustimmung geben. Aus ihnen entwickelt die Theologie mit Hilfe der Philosophie durch die Vernunft neue Wahrheiten, die gleichfalls mehr sind als die Wahrheiten der menschlichen Vernunft und einen durchaus theologischen Charakter haben. In der christlichen Theologie ist daher der Begriff des Uebernatürlichen von Anfang an enthalten: sie nimmt übernatürliche Wirkungen und Geheimnisse als gegeben an, welche die natürliche Fassungskraft jedes Geschöpfes und nicht blos des menschlichen Verstandes vollständig übersteigen. Die Philosophie dagegen kennt keine einzige derartige Voraussetzung, sondern geht nur von den Daten der äusseren und inneren Erfahrung aus, um daraus durch Nachdenken die ersten und einfachsten Grundsätze sich selbst zu bilden und sie weiter zu entwickeln. Das Erkenntnissmittel der Philosophie bleibt auch im Christenthum die menschliche Vernunft, durch deren geistiges Licht die Objecte sichtbar werden. Das Erkenntnissmittel, dessen sich die Theologie bedient, ist dagegen der Glaube, mit dem wir an den geoffenbarten Geheimnissen festhalten und ihrer Wahrheit uns vergewissern, nur aus dem einzigen Grunde, weil diese geoffenbarten Wahrheiten aus der ersten Quelle der Wahrheit, von Gott selbst herstammen: und nur deshalb halten wir sie für wahr, obwohl wir sie nicht mit Deutlichkeit einsehen, weil Gott sie uns thatsächlich gelehrt hat. Darum ist auch die Methode für beide Wissenschaften eine grundverschiedene: für die Philosophie der Weg des apodiktischen Vernunftbeweises, für die Theologie der Autoritätsbeweis aus den Quellen der positiven Offenbarung und ihrer Vermittlung durch das göttlich garantirte kirchliche Lehramt. Endlich ist das eigenthümliche Erkenntnissobject beider ebenfalls ein ganz verschiedenes. Die Philosophie erkennt die natürlichen Wahrheiten, die ganze Weltordnung, und dringt bis zum Beweise des Daseins Gottes als der ersten Ursache vor. Die Theologie dagegen erkennt das geheimnissvolle Wesen Gottes selbst, soweit er diese Erkenntniss uns durch Offenbarung mitgetheilt hat; alles Uebrige fasst sie nur in Beziehung zum göttlichen Wesen auf und erkennt in den Dingen der Welt ihren Ursprung aus Gott und ihre Bestimmung für ihn, wobei sie aber stets die innergöttliche Wesenheit und nicht blos die schöpferische Ursächlichkeit Gottes betrachtet.

Beide Wissenschaften sind sonach berechtigt, selbständig und autonom auf ihrem Gebiete. Für beide gibt es aber keine doppelte Wahrheit, sondern im letzten Grunde nur eine, weil alle Wahrheiten der ersten göttlichen Wahrheit entstammen und deshalb sich niemals widersprechen können. Daher ist für die christliche Philosophie ein Widerspruch und Streit zwischen Glauben und Wissen unmöglich; zwischen Philosophie und Theologie herrscht vollkommene Harmonie, und die Theologie bedient sich sogar der Philosophie. Hieraus folgt aber weiter für die christliche Philosophie die Möglichkeit der Mitbenutzung des höheren theologischen Lichtes. Die christlichen Dogmen, sowohl die trinitarischen, wie die christologischen und andere noch, haben der Philosophie nicht nur neue Probleme gegeben und auf deren Lösung hingewiesen, sondern ihr auch für die alten Probleme .neue und sichere Lösungen verschafft. Solche Beispiele sind unter anderen das Problem der Materie, der Seele als Wesensform des Leibes, des Individuationsprincips und der Persönlichkeit. Endlich folgt für den gläubigen Philosophen, in dessen Wissen und Bewusstsein doch die Philosophie erst ihre concrete Wirklichkeit gewinnt, die Möglichkeit einer Orientirung seiner philosophischen Forschung an den höheren Wahrheiten der Offenbarung, sowie die Pflicht der Unterwerfung unter die letzteren, nicht um die Selbständigkeit der Philosophie zu zerstören oder auch nur im mindesten zu beschränken, sondern im Gegentheil, um sie vor Irrthum zu bewahren und zu grösserer und sicherer Wahrheitserkenntniss zu entwickeln.

Die christliche Philosophie ist der Bergesgipfel, auf dem die weithin ragende Gottesstadt der Theologie gebaut ist. Der Berg verliert nichts von seiner Höhe dadurch, dass ihn der göttliche Künstler mit dieser Krone geziert hat. Philosophie und Theologie verhalten sich in Wahrheit wie Staat und Kirche: ihr nächster innerer und unmittelbarer Zweck ist specifisch verschieden, und ebenso verschieden sind ihre Mittel. Darum sind beide selbständig, beide in ihrer Art vollkommen und leben nach eigenem Recht, wie zwei verschiedene, aber befreundete Personen.[1] Aber der Zweck des Staates ist das irdische Wohl,[2] und der Zweck der Kirche das ewige Wohl ihrer Unterthanen: das letztere steht höher als das erstere, wie die theologische Erkenntniss höher steht als die philosophische. Darum dient auch das irdische Wohl als ein Mittel zur Erreichung des ewigen: so hilft der Staat auch der Kirche und die Philosophie der Theologie; aber eines verschlingt nicht das andere, sondern zwischen beiden herrscht Eintracht und Frieden, die auf dem Boden der Ordnung und Gerechtigkeit erblühen. In dieser lebensvollen Freundschaft mit der Theologie ist die christliche Philosophie stark und reich geworden und geniesst das Glück der befreienden Wahrheit.

3. Der Name christliche Philosophie ist daher kein titulus sine re, und in dem Begriffe derselben finden sich keine widersprechenden und ausschliessenden Merkmale; denn die christliche Philosophie ist nicht etwa ein theologischer Dogmatismus der Scholastik. Wohl ist diese historische christliche Philosophie die in der Kirche officiell anerkannte Philosophie geworden, aber nur deshalb, weil sie sich durch strenge Vernunftbeweise legitimiren konnte und sich von der auf die Autorität der religiösen Offenbarung gegründeten Theologie ihrem ganzen Wesen nach unterschied und mit ihrer eigenen Würde und Selbständigkeit auch die Rechte jener achtete. Nur wenn man der Philosophie überhaupt das Recht abspricht, dass sie Grundprincipien hat, von denen sie ausgeht, um weiter zu schliessen, und dass sie ein durch die Natur der Sache begrenztes Gebiet besitzt, welches sie nicht überschreiten darf; nur dann kann man auch der christlichen Philosophie die Existenzberechtigung nehmen. Man untersuche die Schlussfolgerungen der christlichen Philosophen, wie

[1] Vgl. Zigliara: Propaedeutica l. 4 c. 4 p. 366 sqq.; c. 5 p. 374 sqq. U.-Vincent Maumus: L'idée de l'état: Revue Thomiste, Mars 1897, p. 100—117. Henri Michel: L'idée de l'état. Paris 1897.

[2] Thomas Aq.: De regimine principum 3 c. 11: regnum non est propter regem, sed rex propter regnum: quia ad hoc Deus providit de eis, ut regant et gubernent et unumquemque in suo iure conservent: et hic est finis regiminis.

sie in den verschiedenen Schulen von Scotus Erigena bis Occam, von Suarez bis Cornoldi, oder von Albert und Thomas bis auf Zigliara und Gonzalez gezogen wurden: ihre Resultate sind im Einzelnen verschieden, in den obersten Principien stimmen sie überein, wie sie in der Erfahrung der Thatsachen und in den allgemeinen Grundsätzen aller Wissenschaften übereinstimmen. Ihre Methode war die des logischen Denkens, wie es von allen geübt wird. Das Kriterium endlich war die Vernunft und nichts anderes. Irrthümer sind ihnen begegnet, auf Unfehlbarkeit haben sie keinen Anspruch erhoben, eben weil ihre Philosophie wirklich Philosophie war und nicht ein Product des religiösen Autoritätsglaubens, obwohl sie selbst gläubige Christen gewesen sind.[1]

So kann sich ein Widerspruch im Begriff der christlichen Philosophie nur aus dem Missbrauch Einzelner ergeben, wenn entweder der Philosoph von vornherein die Unvernünftigkeit des christlichen Glaubens behauptet, oder der Gläubige die Möglichkeit der reinen Vernunfterkenntniss leugnet. Beides ist ebenso unbegründet wie thatsächlich und historisch falsch. Ein sachlicher Widerspruch in der Verbindung der Philosophie mit dem Christenthum ist nicht vorhanden. Die christliche Philosophie besteht also zu Recht. Sie beherrscht in ihrer Selbständigkeit das ganze grosse Gebiet der natürlichen Vernunfterkenntniss, welches auch die nichtchristliche Philosophie für ihre Forschung beansprucht, und sie ist durch die Weite ihrer Principien sogar viel weniger

---

[1] Dom Laurent Janssen: Catholicisme et progrès: Revue Bénédictine, 14[ième] ann., Octobre 1897, p. 492: Vraiment, on abuse des mots en parlant toujours de la science catholique en opposition à la science rationaliste ou protestante. Je comprends la distinction entre la science vraie et la science fausse; entre l'effort scientifique mis au service de la vérité ou mis au service de l'erreur. Mais je ne comprends pas la distinction entre la science catholique proprement dite et la science rationaliste; à moins qu'on ne limite la science catholique à la théologie, en tant que celle-ci procède de principes connus par la lumière de la foi et non par la lumière de la raison. En dehors de cette acception, l'opposition entre les deux sciences est plus apparente que réelle. De même qu'il n'y a qu'une science véritable, celle qui procède de vérité en vérité; de même aussi toute science vraie ne peut être que catholique, parce que toute vérité naturelle est necessairement en harmonie avec la vérité révélée et doit lui être subordonnée, au même titre que la nature l'est à la grace et la raison à la fois.

eingeschränkt als etwa die Kant'sche oder die positivistische Philosophie.[1] Aber etwas anderes wächst der christlichen Philosophie noch zu, eben weil sie christlich ist, nämlich das Gebiet der Apologetik,[2] welches ein in der Geschichte thatsächlich Gegebenes ist. Hier erkennt die Vernunft das Vorhandensein von etwas, was sie nicht mehr begreifen und erklären kann — eine ganz und gar übernatürliche Ordnung: und der Beweis, dass diese existirt, das ist die höchste Aufgabe und das Letzte in der christlichen Philosophie. Die Leugnung des Uebernatürlichen, so wie das Christenthum diesen objectiven Begriff darbietet als eine historisch gegebene Thatsache, ist freilich das Grunddogma der modernen Wissenschaft, an welchem nicht gerüttelt werden darf: damit macht diese Wissenschaft sich aber selbst zu einem Dogmatismus, der total unwissenschaftlich ist, weil er die Erfahrung der historischen Thatsachen ignorirt. Diesem falschen Dogmatismus gegenüber bleibt die christliche Philosophie, wenn sie ihn apologetisch durch strenge apodiktische Beweise widerlegt, im vollen Recht.

## § 2. Der Bestand der christlichen Philosophie.

1. Wir haben die Entwicklung der immerwährenden Philosophie durch ihre Meister und deren Schulen wenigstens in grossen Umrissen zu zeichnen versucht und müssen ihren Fortbestand in der Continuität der von jenen Philosophen getragenen Ueberlieferung als eine Thatsache anerkennen. Fragen wir daher, wo die immerwährende Philosophie wirklich niedergelegt ist, so müssen wir auf die Träger jener constanten Ueberlieferung hinweisen. Hieraus folgt aber mit historischer Gewissheit, dass die immerwährende Philosophie nur in den Schulen der christlichen Philosophie gesucht werden darf, und zwar nur da, wo ihre Einheit bezüglich der Principien und der Methode als ein System von übereinstimmenden Wahrheiten gerettet ist. Wir haben demnach jetzt zu zeigen, dass die immerwährende Philosophie in ihrer historischen christlichen Ausgestaltung allein die Merkmale der wahren Philosophie trägt.

---

[1] Ausonio Franchi: Philosophie scientifique et philosophie chrétienne: Ann. de Phil. chrét. 1890. T. 21, p. 48—66.

[2] Vgl. Glossner: Apologetische Tendenzen und Richtungen: Jahrbuch für Philosophie und speculative Theologie. 1890. IV. Bd., S. 409 ff.

2. Der modernen Philosophie, welche nicht principiell auf christlichem Boden steht und den organischen Anschluss an die grossen Meister verleugnet, fehlt das Kennzeichen der Wahrheit, die eine feste objective Grundlage in den Dingen hat und unwandelbar bleibt. Der Standpunkt der modernen Philosophie ist vom Object, welches erkannt und aus seinen letzten und höchsten Ursachen erklärt werden soll, wenn die Philosophie noch Wissenschaft bleiben will, ausschliesslich in das erkennende Subject, in den einzelnen Philosophen, der als Mensch dem Irrthum unterworfen ist, verlegt worden. Descartes, den man so gern den Vater der modernen Philosophie nennt, hat damit angefangen; der Nominalismus hatte aber schon vor ihm den ersten Anlauf dazu gemacht.

Dieser rein subjective Standpunkt ist der Grundfehler der modernen Philosophie. Darin liegt der principielle Verzicht auf die objective volle Wahrheit, der Keim zu endlosen Variationen der subjectiven von Zeit und Ort, von Nationalität, Cultur und Confession abhängigen Auffassungen, die Wurzel unlösbarer Streitigkeiten. An Stelle der Wahrheit selbst ist die sogenannte relative Wahrheit getreten. die nur ein Trugbild ist. Dieses Chamäleon ist in der That nichts anderes, als der privilegirte und autonome Irrthum. Statt der objectiven Denkgesetze herrscht der Subjectivismus. Die neuere Philosophie charakterisirt sich als Individualismus, als Philosophie der Willkür unter dem Titel der freien Forschung. Ueber diese Art von Denkfreiheit urtheilt ein französischer Kritiker der Gegenwart, E. Faguet[1]: »Man hat sich daran gewöhnt, zu glauben, dass die Freiheit etwas an sich ist, eine Lehre, und eine Lehre, die fähig ist, sich in Wirklichkeit zn verwandeln, Thatsachen hervorzubringen, einen moralischen und einen socialen Zustand zu schaffen. Das ist falsch. Nichts ist besser zum Zerstören, nichts vergeblicher zum Gründen. Die Freiheit ist eine blos negative Idee und ein blos negativer Zustand: die Zwietracht als Dogma betrachtet und zum Gesetz erhoben: es ist die zur Königin der Welt ge-

[1] E. Faguet: Revue des deux Mondes du 15 juillet 1895: On s'est habitué de croire que la liberté était quelque chose en soi, une doctrine et une doctrine capable de se transformer en réalité, de produire des faits, de créer un état moral et un état social. C'est faux. Rien de meilleur pour détruire: rien de plus vain pour fonder. La liberté est une idée uniquement

krönte Anarchie.« Eine solche Philosophie bezweifelt und bestreitet unter der Form des Kriticismus der Reihe nach alle obersten Principien, sogar die Giltigkeit des Causalgesetzes und des Gesetzes des Widerspruchs. Daraus erklärt sich die Armut der Resultate, über die so viel Klage geführt wird. Daraus kommt der Mangel der Einheit, der so empfindlich ist. Daher ist die moderne Philosophie nicht nur unklar über sich selbst, sondern sie fühlt sich längst nicht mehr als einheitliche Wissenschaft: es fehlt ihr sogar der feste Begriff der Philosophie. Auch Kuno Fischer[1] und Thilo[2] leugnen direct, dass die Philosophie überhaupt eine Weltanschauung bieten kann.

Mit der Verwerfung der Principien war unmittelbar die Preisgebung der Metaphysik verbunden, und nach und nach wurden auch die übrigen Zweige vom Baume der Philosophie abgesägt. Die heutige Psychologie ist nur Naturwissenschaft und zwar nur ein Theil der Biologie, der die psychophysischen Erscheinungen quantitativ und qualitativ bestimmen will, aber auf ihre letzte Erklärung grundsätzlich verzichtet. Während einige, wie Gartelmann, über den »Sturz der Metaphysik« triumphiren, versuchen andere eine Neugründung. Alfred Fouillée[3] will sie auf Erfahrung gründen und daraus ein System von Hypothesen machen, das so wissenschaftlich wie möglich werden soll. Ueberall strebt sie danach, sich als Wissen zu construiren, sowohl im experimentellen, wie inductiven und deductiven Theile. Dabei beruft er sich auf Hartmann, Lotze, Wundt, von den Engländern auf Spencer, Clifford und Hodgson, von den Franzosen auf Taine, Ravaisson, Renouvier, Vacherot, Guyau. Ihre Aufgabe sei es, das Werk Kant's zu wiederholen, aber von einem anderen Standpunkte aus. Aber freilich verbannt Fouillée die transcendente Metaphysik unter die Träume der Vergangenheit, und seine Zukunftsmetaphysik bleibt eine immanente, was so gut ist, wie gar keine. Es genügt aber, die

---

négative et un état uniquement négatif, c'est la discorde considerée comme un dogme et tenue pour une institution: c'est l' anarchie sacrée reine du monde.

[1] K. Fischer: Geschichte der neueren Philosophie. S. 8 ff.

[2] Thilo: Zeitschrift für exacte Philosophie. XX. Bd., S. 186 f.

[3] Vgl. Amédée de Margerie: La philosophie de M. Fouillée: Ann. de Phil. chrét. 1896 oct., T. 35, p. 1.

Worte Ludwig Busse's anzuführen, der, von dem ganzen Ernst der Lage durchdrungen, in redlicher und objectiver Weise selbst die Wahrheit sucht. »Es wäre nutzlos, die Thatsache bestreiten zu wollen, dass auch unter den zünftigen Vertretern der Philosophie selbst, insbesondere den akademischen, die Metaphysik zur Zeit sehr wenig Freunde besitzt, dass die meisten derselben sie für einen überwundenen Standpunkt erklären.« Die grosse Mehrzahl unserer heutigen Philosophen, sagt er, sind keine Metaphysiker, sondern entweder Psychologen und Psychophysiker oder Historiker oder Erkenntnistheoretiker. »Die ersteren betrachten sich selbst immer mehr als Naturforscher, denn als Philosophen, ‚die Historiker' bilden sich immer mehr zu solchen, und zwar zu historischen Specialforschern aus, die Erkenntnisstheoretiker endlich, welche die systematische Philosophie unter den heutigen ‚Philosophen' vertreten, sind naturgemäss diejenigen, welche am schärfsten betonen, dass die wissenschaftliche Philosophie mit der Metaphysik nichts zu schaffen habe.«[1] Die in weiteren philosophischen wie theologischen Kreisen heute herrschende Ansicht, die er übrigens selbst für unrichtig erklärt, sei diese: »Die Metaphysik ist durch Kant aus der Welt geschafft, ihre Unmöglichkeit durch die Kritik der reinen Vernunft ein für alle Mal unwiderleglich bewiesen und damit sowohl der wissenschaftlichen Philosophie wie der Theologie, ein Dienst erwiesen worden. Insbesondere bedeutet für die letztere die Beseitigung der Metaphysik die Möglichkeit, auf eigener unabhängiger Grundlage ihren Inhalt selbständig zu entwickeln.« So berichtet der Rostocker Professor, der, wenn er von Theologie spricht, zunächst die protestantische im Auge haben muss, und er fügt hinzu: Kant habe das eben nicht fertig gebracht, was er nach jener Ansicht gethan haben soll.[2] Dieser Rückschritt der modernen Philosophie, den sie mit der Entthronung der Königin aller Wissenschaften gemacht hat, wird aber selbst im eigenen Lager gefühlt. So erklärt Antonio Poloni: die Metaphysik sei gerade für den Fortschritt des Wissens nothwendig,

---

[1] Ludwig Busse: Die Bedeutung der Metaphysik für die Philosophie und die Theologie: Zeitschrift für Philosophie und phil. Kritik. 1897, CXI. Bd., S. 25. Vgl. desselben: Philosophie und Erkenntnisstheorie. 1. Abtheilung, Leipzig. 1894.

[2] Busse: Die Bedeutung u. s. w. S. 28 ff.

weil die allgemeine Synthese der Erkenntnisse die Wissenschaft gegen die zerstörende Kritik des Skepticismus rechtfertige.[1]

Dass ohne Principien eine Ethik unmöglich ist, lehrt die Geschichte der modernen Versuche, die Ethik zu begründen. Das Einzige, was noch übrig geblieben ist, besteht nur in dem vergeblichen Suchen nach den Principien, die man geleugnet hat, nämlich in der sogenannten Erkenntnisstheorie, der jede innere Einheit abgeht, da sie nur ein Conglomerat aus logischen, psychologischen und metaphysischen Fragen ist. So klagt G. Spicker mit Recht: die heutige Philosophie ist nur Erkenntnisstheorie und Geschichte, sie besitzt keinen eigenen und lebendigen Inhalt.[2] Aber die Geschichte allein ist eben gar nicht Philosophie. Und die moderne Erkenntnisstheorie ist thatsächlich nur ein Problem, welches unlösbar bleibt, wenn man es einseitig vom subjectiven Standpunkt aus behandelt.[3]

Der modernen Philosophie fehlt ebenso die richtige Methode, weil sie nicht den Weg des apodiktischen Beweises in seiner strengen und vollkommenen Form einschlägt, sondern statt dessen nur die Bahnen der Empirie und der Intuition oder idealen Construction offen lässt.[4] Descartes begann mit dem methodischen Zweifel, blieb aber nicht dabei stehen: denn seine Zweifelsgründe erstreckten sich auf alle Wahrheiten, selbst auf die unmittelbaren Wahrheiten und auf die Natur der menschlichen Seelenvermögen. So öffnete er dem allgemeinen Zweifel Thür und Thor, und so wurde der methodische Zweifel zum reellen: in dieser Philosophie können wir nur eine Form des Skepticismus erblicken.

---

[1] Antonio Poloni: Rivista pedagogica italiana, Aprile 1897 vol. I p. 179: La metafisica e necessaria al progresso stesso del sapere, perchè, come fu dalla filosofia che prese il primo impulso lo studio delle cose, dell' uomo e dei loro fini, così dalla sintesi generale delle cognizioni deriva ancora una nuova forza alla scienza, in quanto le conferisce e accerta uno scopo, le da una giustificazione contro la critica demolotrice dello scetticismo.

[2] Spicker: Ueber die Gründe des Verfalles der Philosophie u. s. w. S. 254 f.

[3] Vgl. Robert Schellwin: Die Erkenntnisslehre Kant's: Zeitschrift für Philosophie und phil. Kritik. 1892, C. Bd., S. 228. Vgl. H. Schwarz: ebenda. 1896, CX. Bd., S. 124.

[4] Vgl. Glossner: Jahrbuch für Philosophie und speculative Theologie. 1888, II. Bd., S. 174.

Die Folge hiervon ist eine weitgehende hoffnungslose Verwirrung der Begriffe selbst, die aus ihrer confusen Fassung nothwendig folgt. Um nur ein Beispiel anzuführen, so sind nach Emil Ferrière die Worte (die doch nur Begriffszeichen sind) »unendlich, endlich und indefinit oder unbegrenzt« nicht Zeichen für drei substantiell verschiedene Inhalte, die in einem Gegensatze stehen, sondern nur drei verschiedene Weisen. wie der menschliche Geist im Raum die universelle Substanz betrachtet![2] So macht sich jeder seine Begriffe willkürlich und drückt sie ebenso willkürlich aus. Daher ist in der modernen Philosophie selbst, als Vorbedingung einer Verständigung, auf die Nothwendigkeit einer historischen Terminologie hingewiesen worden, was Schmidkunz[2] energisch gethan, und Eucken durch seine Arbeiten in Angriff genommen hat. Symptomatisch für diesen Zustand der modernen Begriffsverwirrung ist auch das Thema, welches als Welby-Preisaufgabe für 1897 ausgeschrieben war; es lautete: »Die Ursachen der gegenwärtigen Dunkelheit und Confusion in der psychologischen und philosophischen Terminologie, und die Richtungen, in denen wir wirksam praktische Abhilfe erhoffen können.«

Anders die christliche Philosophie. In ihrer historischen Ausgestaltung stützt sie sich auf die obersten Principien des Erkennens, des Werdens und des Seins.[3] In diesen Principien, welche theils die höchsten und allgemeinsten Begriffe, theils die unmittelbaren Sätze sind, hat sie die höchste Evidenz und Gewissheit, und befindet sich darum in Uebereinstimmung mit dem gesunden Menschenverstand. Auf dieser Basis von allgemein zugestandenen Wahrheiten, die selbst wegen der Fülle ihres Lichtes keiner Erklärung benöthigen und wegen ihres Vorranges, da sie die Grenze jeder Denkanalyse bilden, auch keines neuen Beweises bedürfen, kann die Vernunft folgerichtig operiren und zu wahren Resultaten gelangen,

[1] Emil Ferrière: La cause première d'après les données experimentales. Paris. 1897, p. 453: Ces trois mots infini, fini, indéfini, ne sont pas trois termes représentant trois choses substantiellement différentes, contraires.

[2] Vgl. Philosophisches Jahrbuch von Gutberlet. 1897, X. Bd., S. 259.

[3] Vgl. H. E. Plassmann: Metaphysik. Soest. 1858, S. 32 ff. Zigliara: Propraedeutica lib. 2 c. 4 n. V $\alpha$ p. 136.

indem sie nach streng logischer Methode[1] schlussfolgernd vorgeht. Weil sie aber mit der Beobachtung der Thatsachen beginnt, und ihre Gesetze und Principien aus der Erfahrung der wirklichen Welt logisch herleitet, wird sie allein dem Object gerecht, und kann allein auf wahre Wissenschaftlichkeit Anspruch machen. Ihr Ziel ist demnach die objectiv begründete Wahrheit, von der sie apodiktische Gewissheit erlangt. Das zeigt sich klar bei Thomas, der als das einzige und höchste Kriterium der Wahrheit nicht etwa die subjective Evidenz, sondern die Vollziehung der Analysis nach dem Gesetze des Widerspruchs, also die Zurückführung auf die obersten und einfachsten Principien aufstellt und befolgt.[2] Dadurch entsteht auch die Einheit dieser Philosophie und damit die Möglichkeit, es zu einer abgeschlossenen Systembildung zu bringen. Statt einer subjectiven Weltanschauung, gibt sie uns ein objectives Weltbild; denn das ist ihre Aufgabe, wie Thomas sie klar formulirt hat: die vollkommene ursächliche Erkenntniss der ganzen Weltordnung, die erst in der Erkenntniss Gottes als der ersten und höchsten Ursache abgeschlossen ist. Die Vernunft allein ist hier die Norm des Denkens, aber nicht die subjective Vernunft, sondern die Vernunft mit ihren vom ersten Princip aller Wahrheit und Erkenntniss gegebenen und garantirten Gesetzen. Diese Philosophie erkennt also die Vernunft voll an, aber nicht als die letzte und absolute Norm: sondern Norm ist ihr nur der Urgrund der Wahrheit und des Seins, die ewige göttliche Wahrheit selbst. Somit kommt ihr das Merkmal der Wahrheit zu.

Der christliche Philosoph hat aber noch einen anderen, unvergleichlich höheren Vorzug. Er besitzt durch die Offenbarung einen sicheren und über die rein menschliche Vernunft hinausreichenden Massstab, an dem er seine Forschung orientiren kann. Er weiss, dass die Offenbarungswahrheiten, selbst wenn sie Geheimnisse bleiben, den Vernunftwahrheiten niemals

[1] Schneid: Aristoteles in der Scholastik. S. 48. Die Scholastik befolgt die aristotelische Methode, welche von der Erfahrung ausgeht und apodiktisch fortschreitend zu einem strengen einheitlichen System führt und nur aus der Natur der Sache argumentirt, aber die intuitive Construction und die metaphorische Darstellung als unwissenschaftlich ausschliesst.

[2] Thomas Aq.: Sum. th. II. II q. 94 a. 2: Primum principium indemonstrabile est quod non est simul affirmare et negare, quod fundatur supra rationem entis.

widersprechen können, weil beide aus ein und derselben Quelle, der einen göttlichen Wahrheit stammen. Daher kann er das Resultat seiner Forschung stets mit der Offenbarungswahrheit vergleichen, die untrüglich ist, und findet darin eine göttliche Bürgschaft der Wahrheit, die der Philosophie zur Leuchte wird, ohne das eigene Licht derselben zu stören.

2. Ebenso wie das Merkmal der Wahrheit, fehlt der modernen Philosophie dasjenige des Fortschritts in der Wahrheit. Der intellectuelle Fortschritt kann nicht vorhanden sein, weil der modernen Philosophie statt der absoluten Wahrheit höchstens die relative geblieben ist, die eben keine Wahrheit mehr ist. Mit dem Verlust der alten Principien sind auch ihre Resultate verloren gegangen. Der Fortschritt im Zweifel, im Irrthum, in der Negation und in der endlosen Vielheit kurzlebiger Systeme, ist sicher kein Fortschritt in der Erkenntniss der Wahrheit. Die Methode der modernen Philosophie ist ein Abfall von der aristotelisch-apodiktischen Methode, also auch ein Verzicht auf die Wahrheit, kann also nicht den Charakter des wahren intellectuellen Fortschritts begründen.

Es fehlt ferner der sittliche Fortschritt; denn die moderne Philosophie hat in ihrer Ethik nacheinander alle Principien angezweifelt und geleugnet, und müht sich jetzt vergeblich ab, eine Scheinethik ohne Gott und Gesetz, ohne Seele, ohne Freiheit und Unsterblichkeit bald auf den Egoismus, bald auf den Altruismus, einmal auf die thierische Lust, das andere Mal auf die Verzweiflung des Pessimismus zu begründen. Die Tugend wird entwerthet, das Laster entschuldigt, gerechtfertigt, beschönigt und privilegirt. Wir stehen bereits mit Nietzsche jenseits von Gut und Böse. Statt des höchsten Gutes und der idealen Güter bleibt uns nur der materielle Genuss und die thierische Gemeinschaft, an Stelle der Ewigkeit der irdische Moment, für das volle Geistesleben in der Gemeinschaft Gottes ist der Tod und die Ruhe des Grabes und die Vernichtung der Ersatz. Philipp Mainländer (Batz) kennt in seiner »Philosophie der Erlösung«[1] als letztes Ziel nur die Vernichtung. Der Egoismus seiner Ethik ist nur ein Mittel zu diesem absoluten Ende, in welchem

[1] Philipp Mainländer: Die Philosophie der Erlösung. Frankfurt 1894.

die Erlösung besteht. Er befolgte seine eigenen Lehren, indem er Selbstmord beging (1876). Unter dem ethischen Gesichtspunkte können wir hier auch die Thatsache beklagen, dass besonders in Frankreich, leider aber auch in Deutschland die philosophische Pornographie sich mehrt, die unter der Maske der Psychologie oder anderer Wissenschaften auftritt. Gewiss sind diese pseudo-wissenschaftlichen Bücher nicht der Ausdruck der modernen Philosophie selbst: aber indirect sind sie die Früchte der modernen Ethik und ein Zeichen ihres Verfalls.

Endlich fehlt natürlich auch der religiöse Fortschritt. Die sicheren Kennzeichen des religiösen Fortschritts sind die Wahrheit, durch welche die menschliche Vernunft vervollkommnet wird, und die Tugend, durch welche wir das religiöse Object nachahmen um dadurch die Vervollkommung des Willens zu bewirken.[1] An die Stelle der religiösen Verehrung des Schöpfers und Herrn der Welt tritt die Selbstvergötterung des Menschen und die Anbetung seiner Werke. Die moderne Philosophie kennt nur eine subjective Religion, macht die Vereinigung des Menschen mit Gott vom menschlichen Willen und Gefühl abhängig, wodurch Gott entehrt und Unmögliches gefordert wird. Sie ist in ihrer Tendenz antichristlich und religionsfeindlich und prätendirt selbst die Zukunftsreligion zu werden. Von religiösem Fortschritt kann hier selbstverständlich bei dieser Entwicklung keine Rede sein; vielmehr ist der Rückschritt schon in der Auffassung des Gottesbegriffes offenbar. Der Gott Spinoza's und Hegel's verhält sich zu Mainländer's Gott ungefähr so, wie sich der Zeus des Phidias neben dem Medicinbeutel eines armen Indsman ausnehmen würde. Bei jenen Häuptern des Pantheismus ist doch noch ein Inhalt mit ihrem Gotte verbunden; er ist freilich ein falscher Gott, aber er hat doch noch einen schwachen Schimmer von der Schönheit des wahren Gottes, wodurch das Bild verführerisch auf die Phantasie seiner Anhänger einwirkt. So sieht Georges Noel[2] noch immer in der Hegels'chen Philosophie, welche alle Dinge auf die Einheit eines transcendenten und zugleich immanenten Gottes zurückführen will, die mäch-

[1] Augustinus: De civ. Dei 8, 17 n. 2. Zigliara: Propaedeutica lib. 3 c. 5 n. II—V, p. 205 sq.

[2] Georges Noel: La logique de Hegel. Paris 1897.

tigste Anstrengung und das schönste Resultat der zeitgenössischen Speculation. Ihm ist Gott das Sein jedes Dinges: er belebt und dirigirt die Natur und incarnirt sich in der Menschheit, ohne darum seine absolute Persönlichkeit zu verlieren, ohne aufzuhören, die ewige, über Zeit und Raum erhabene Vernunft zu sein.

Den Gott des auf die Spitze getriebenen Pessimismus beschreibt uns Mainländer selbst als eine zerfallene Einheit, die gewesen ist, und deren Untergang das Leben der Welt ist. Mit Recht spottet Eduard von Hartmann über diesen »gestorbenen Gott«. In dem Atheismus, wie er aus den unklaren Ansichten bei Alfred Fouillée hervortritt, ist für Gott gar kein Platz. Dieser Philosoph bekämpft den Materialismus, aber sein Spiritualismus ist so schwach, dass er die Seele nur zu einer Gehirnaffection macht. Die Willensfreiheit ist nach ihm jetzt noch nicht da: aber sie wird allmälig existiren! [1] Und so erklärt er denn auch: wir müssen wünschen, dass Gott ist, und überhaupt handeln, als ob Gott existirte; vielleicht wird er dann endlich einmal in uns und in allen Menschen und sogar im Weltall existiren.[2] Vielleicht, wenn die Wissenschaft, wie Filadelfi unter anderen prophezeit,[3] einmal den unbegrenzten Fortschritt zum Ewigen und Absoluten beendet haben wird. Wenn wir so die Entwicklung des Gottesbegriffes in der neuesten Philosophie bis zu seiner Verflüchtigung verfolgen, glauben wir den Klageruf zu vernehmen: der grosse Pan ist gestorben!

Ein Bild der religiösen Bewegung in der Gegenwart bot der Congress der Religionen in Chicago im Jahre 1893 dar. Dieses Religions-Parlament zeigte deutlich, wie sich die Religion unter dem Einfluss der modernen Philosophie gestaltet. Die Tendenz einer universalen Religion, der Zukunftsreligion der Menschheit, trat offen zu Tage. Dr. Brodbeck verkündete dort den radicalsten Agnosticismus: »Wir massen uns nicht an, irgend eine Kenntniss von den Dingen, die jenseits dieses Lebens

[1] Vgl. Amedée de Margerie: La philosophie de M. Fouillée: Ann. de Phil. chrét. 1896, T. 35, p. 5 sqq.

[2] Alfred Fouillée: L'avenir de la métaphysique. Paris 1889, p. 254.

[3] Filadelfi: Rivista pedagogica italiana, Marzo 1897, vol. 1 p. 120, 127.

liegen, zu besitzen. . . . Wir kennen den Ursprung der Dinge nicht, wir wissen selbst nicht, ob die Dinge einen Ursprung haben. . . . Wir glauben nur, dass das, was man unter Pflicht, Verantwortlichkeit u. s. w. versteht, nicht von der Frage abhängt, zu wissen, ob es einen freien Willen gibt oder nicht. . . Wir glauben nur, dass es eine absolute Macht gibt, über die wir keinen Einfluss haben. . . Das Gebet besteht in unseren Augen darin, uns mit Ehrfurcht in das grosse Geheimniss des Lebens dieser Welt zu versenken, uns bei seinen unwandelbaren Gesetzen zu beruhigen, und uns dem guten Geist, der in uns, in der Menschheit und im Weltall ist, zu conformiren.«[1] Während die Mehrheit dieses Congresses aus Freidenkern bestand, war nur eine einzige Kirchengesellschaft officiell vertreten, die katholische Kirche der vereinigten Staaten: sie allein hatte nichts zu verlieren, sondern nur zu gewinnen.[2] Arthur Drews findet geradezu in der Idee der Unpersönlichkeit Gottes die Lösung der religiösen Fragen der Gegenwart und das Grunddogma der Religion der Zukunft.[3] Der Mensch scheint allerdings »unheilbar religiös« zu sein, wie Sabatier sagt,[4] wenn er noch von solcher Zukunftsreligion träumen kann! Und der Walliser Dichter Charles Louis de Bon († 1879) hat Recht, wenn er singt:

Laissez railler et laissez dire!  
. . . L'homme a besoin d'aimer et de croire:  
Si Dieu sortoit de sa mémoire,  
Il s'en ferait un de sa main.

In der christlichen Philosophie dagegen sehen wir Schritt für Schritt von der Patristik an den intellectuellen

[1] Bonet-Maury: Le Congrès des religions à Chicago en 1893. Paris 1895, p. 94 sq.

[2] A. Baudrillart: Bulletin Critique. 5. Janvier 1896, 17. année, Nr. 1, p. 12: Une seule Eglise constituée y était officiellement représentée, l' Eglise catholique des Etats-Unis; elle s'est présentée là comme saint Paul à l' Aréopage, sachant que, dans le milieu américain, elle avait, en agissant ainsi, beaucoup à gagner et rien à perdre.

[3] A. Drews: Die deutsche Speculation seit Kant mit besonderer Rücksicht auf das Wesen des Absoluten und die Persönlichkeit Gottes. Berlin. 1893, II. Bd., S. 617. Vgl. Alexis Schwarze: Zeitschrift für exacte Philosophie 1893, XX. Bd., S. 262. M. Glossner: Der speculative Gottesbegriff in der neueren und neuesten Philosophie. Paderborn. 1894.

[4] Vgl. Revue Thomiste, Mai 1897, p. 290 sqq.

Fortschritt in der Klärung der metaphysischen Begriffe, in der Beweisführung für das Dasein Gottes, in der Durchführung des strengen monotheistischen Gedankens, in der Systematisirung bis zum vollendeten Weltbild der göttlichen Monarchie. Der Dualismus des Alterthums ist hier völlig überwunden. Die neuen Verhältnisse der Geschichte wie die neuen Entdeckungen der Wissenschaften, werden von Tag zu Tag mehr in die Speculation hineingezogen, ohne dass die Principien aufgegeben werden müssen. Die physikalischen und chemischen Thatsachen der neuesten Zeit werden in der thomistischen Naturphilosophie durch die alten Principien mit Erfolg erklärt. Die neuen Probleme finden ihre Lösung auf der alten Basis. Das ist Fortschritt in der Wahrheit auf apodiktischem Wege. Der sittliche Fortschritt zeigt sich in der Reinigung der antiken Ethik von ihren Irrthümern, in der Vollendung der Einzelpersönlichkeit, in der Hebung des Verhältnisses der Geschlechter zu einander und der höheren Achtung der Ehe und des Familienlebens, in der Gestaltung der socialen Ordnung, wie sie in den Gebilden des Mittelalters wirthschaftlich und politisch zur Thatsache geworden ist. Die Philosophie hat hier überall das christliche Ideal anerkannt und als Vorbild genommen. Der religiöse Fortschritt endlich liegt in der Ueberwindung des falschen Gottesbegriffes und der Vertiefung der monarchischen Ansicht vom Verhältniss der Welt zu Gott, sowie endlich in der gläubigen Aufnahme der Offenbarung und der vollkommenen Harmonie zwischen Philosophie und Theologie. Diesen religiösen Fortschritt hat gerade die von Augustinus und Thomas getragene Gedankenbildung der immerwährenden Philosophie bewirkt; denn »der objective Realismus des speculativen Gedankens ist einer von den Grundpfeilern für die Glaubwürdigkeit des Glaubens«.[1]

Diesen Fortschritt haben unbefangene Forscher auch in der Scholastik anerkannt. Im Einzelnen hat Math. Schneid den Beweis dafür erbracht, dass die Scholastiker die Fortbildner und Vervollkommner der aristotelischen Philosophie sind.[2] Ritter

[1] Schwalm: La crise de l' Apologétique: Revue Thomiste 1897, V, p. 37: Le réalisme objectif de la pénsée speculative est une des bases rationelles de la credibilité de la foi.

[2] Schneid: Aristoteles in der Scholastik. S. 94 ff., besonders S. 106 ff.

fand diesen Fortschritt schon bei Albert dem Grossen, von dem er sagt: »Es kam nicht blos darauf an, die Philosophie des Aristoteles kennen zu lernen und abzuschätzen, sondern der grössere Theil der Arbeit bestand darin, sie in den Gedankenkreis einzuführen, welcher sie in der abendländischen Christenheit erwartete. Das hat Albert der Grosse gethan; ihm ist die aristotelische Philosophie keine fremdartige Ueberlieferung; er weiss, was von ihr gebraucht werden kann, was zu verwerfen ist. Ebenso stellt er sich den arabischen Aristotelikern und dem Plato gegenüber. Wir müssen es gestehen, dass er eine Aufgabe gelöst hat, deren Lösung man kaum von einem Menschen erwarten möchte. Alle spätere Philosophie des Mittelalters beruht auf seinen Erfolgen.«[1] Den Fortschritt der Scholastik, der eine eigene Philosophie geschaffen habe, bezeugen ferner Rousselot, Jourdain, Hauréau und Rénan und sogar einige Positivisten.[2]

3. Die moderne Philosophie hat keinen Anspruch auf das Merkmal der Continuität, welches schon der Renaissance[3] mangelte. Ihre Entstehung war der offene Bruch mit den Traditionen der Vergangenheit. Ihre ganze Berechtigung leitet sie aus der Nothwendigkeit dieses Bruches her. Ihre eigene Fortentwicklung zeigt ebensowenig die Continuität, weil ihr die Principien dazu fehlten, sondern ist vielmehr ein fortwährendes Niederreissen des Gebäudes der Vorgänger, um ein anderes Karten-

[1] Heinrich Ritter: Geschichte der christlichen Philosophie. VIII. Bd., S. 185.

[2] Rousselot: Études sur la Philosophie du moyen âge. Paris 1841. T. III., p. 381. Ch. Jourdain: La philosophie de S. Thomas d'Aquin. Paris 1858. T. II. p. 476. B. Hauréau: Histoire de la Philosophie scolastique. Paris 1872. T. II, p. 35. Ch. Huit: Ann. de Phil. chrét. 1896 juillet T. 34, p. 376, note 3: Les positivistes sérieux, tels que A. Comte et Littré après lui sont les premiers à constater dans le moyen âge comparé à l'antiquité un progrès véritable, à savoir l'organisation spirituelle établie par le catholicisme sur des bases si durables: et d'autres que des chrétiens fervents ne peuvent s'empêcher de voir avec regret l'Europe s'éloigner de plus en plus de cet internationalisme scientifique et philosophique, autrefois son plus précieux apanage.

[3] De Vogüé: Ann. de Phil. chrét. 1896. T. 34, p. 375: Quand l'âme du moyen âge uniquement formée dans la Bible, s'abandonnat à l'esprit grec, le saut fut plus hasardeux et plus brusque de la Somme de S. Thomas à la Somme de Rabelais qu'il ne l'a été du monde de Voltaire dans le monde de Goethe ou de Hégel.

haus an dessen Stelle zu errichten. Ganz besonders zeigt die Entwicklung der Erkenntnisstheorie, die ja den Kern der modernen Philosophie bildet, diesen Mangel der Stetigkeit. Leider können wir den Entwicklungsgang der modernen Philosophie hier nicht im Einzelnen verfolgen. Wir müssen vielmehr auf die eingehenden Untersuchungen, die Glossner[1] gemacht hat, hinweisen und können das Resultat möglichst mit seinen eigenen Worten wiedergeben. Bacon und Descartes stellten das subjective Kriterium der Erkenntniss auf und verwarfen die Tradition des objectiven Kriteriums. Der neue Subjectivismus spaltete sich wieder in zwei Ströme. Der empiristische Subjectivismus schliesst so: »Wir erkennen das Wirkliche und wahrhaft Seiende nur durch unmittelbare Sinneswahrnehmung (Bacon und Hobbes); nun ist aber das unmittelbar Wahrgenommene das sinnliche Phänomen als subjectiver Zustand (Locke und die Sensualisten), also ist das sinnliche Phänomen das einzige Wirkliche und wahrhaft Seiende (Positivisten).« Der rationalistische Subjectivismus dagegen kommt zu diesem Schluss: »Das wahrhaft Seiende wird ausschliesslich durch subjective Vernunftevidenz erkannt (Descartes); subjectiv evident kann aber nicht eine ausser uns vorhandene Objectivität sein, sondern nur der apriorische Gehalt der Vernunft selbst (Kant); folglich sind diese reinen Anschauungs- und Denkformen, oder genauer der apriorische Vernunftgehalt, das wahrhaft Seiende (Hegel).« Der historische Ent-

[1] Michael Glossner: 1. Der moderne Idealismus nach seinen metaphysischen und erkenntnisstheoretischen Beziehungen, sowie sein Verhältniss zum Materialismus mit besonderer Berücksichtigung der neuesten Phase desselben. München 1880; besonders S. 75, 77. — 2. Das objective Princip der aristotelisch-scholastischen Philosophie, besonders Albert des Grossen Lehre vom objectiven Ursprung der intellectuellen Erkenntniss, verglichen mit dem subjectiven Princip der neueren Philosophie. Regensburg 1880. S. 19, 51, 71. — 3. Jahrbuch für Philosophie und speculative Theologie. 1888. II. Bd., S. 181 ff. — 4. Die objective Bedeutung des aristotelischen Begriffs der realen Möglichkeit (Görres-Gesellschaft, Jahresbericht der Section für Philosophie, 1883, Köln 1884, besonders S. 36). Vgl. Reginald Schultes O. P.: Der moderne und der christliche Realismus: in der Zeitschrift »Monatsrosen des schweizerischen Studentenvereines und seiner Ehrenmitglieder«, XLI. Jahrgang. Basel 1896, S. 170 ff. Fr. Syndicus O. P.: Idealismus historice illustratus et a S. Thoma confutatus: Divus Thomas 1897, vol. 6, p. 171 sqq.

wicklungsgang des Subjectivismus vollzog sich aber in drei Stufen.

Von der Vernunftidee als Erkenntniss- oder Bewusstseinsinhalt ausgehend, hielten Descartes, Malebranche, Leibniz und Spinoza noch an einer Objectivität ausserhalb des Gedankens fest, die aber selbst nicht mehr den unmittelbaren Erkenntnissgegenstand bildet, sondern dieser ist der Gedanke selbst. Auf dieser ersten Stufe ist also der Erkenntnissinhalt noch der repräsentative Gedanke, der die Dinge noch abspiegelt.

Auf der zweiten Stufe der Entwicklung, bei Kant, wird dieser Bewusstseinsinhalt nicht mehr festgehalten, sondern noch weiter entleert: die Repräsentation wird eine leere Form und dadurch der Subjectivismus vermehrt, während das Object schwindet. Während Vaihinger in der Vermittlungstendenz das wesentlichste Merkmal des Kant'schen Systems erblickt, weist Erich Adickes gerade die Discontinuität der Kant'schen Philosophie nach: »Vom Standpunkte der Entwicklungsgeschichte aus betrachtet, erscheint Kant's Hauptwerk (und weiter auch sein ganzes System) also als ein Versuch, die Angriffe Humes abzuwehren, welche nach seiner Ansicht nicht nur die damalige Metaphysik, sondern die Wissenschaft überhaupt treffen. Zu grossem Danke bekennt er Hume verpflichtet zu sein, weil dieser es ist, der das Causal- und Nothwendigkeitsproblem zuerst in seiner ganzen Tragweite erkannt und auf einen klaren Ausdruck gebracht hat. Im Problem sind also die beiden Philosophen einig. Nicht aber in der Lösung. Statt den von Hume eingeschlagenen Weg weiter zu verfolgen, geht Kant ihn zunächst zurück, und, am Ausgangspunkte angelangt, wählte er einen nach der entgegengesetzten Richtung führenden dornenverwachsenen Fusspfad. Damit stellt er sich in erster Linie feindlich zu Hume.«[1]

Auf der dritten Stufe, die Fichte betritt, wird auch der letzte Rest von Objectivität der Welt geopfert, die Identität des Seins mit dem Gedanken verkündet und der letztere zum absoluten Begriff gemacht und dadurch jeglichen Inhalts beraubt. So ist die Reihenfolge vom Bewusstseinsinhalt zur blossen Form-

[1] E. Adickes: Kantstudien. Philosophische Zeitschrift von Vaihinger. 1896. I. Bd., S. 26.

vorstellung und von da zum leeren Ich ein Verfall, der in drei getrennten Stadien zwar vollzogen ist, aber ohne Bewahrung der auf der früheren Stufe gewonnenen Resultate.

Der christlichen Philosophie dagegen kommt diese Continuität zu, wie wir schon an Augustinus und Thomas bewiesen haben. Sie hält fest an den alten Principien und den gefundenen Wahrheiten. Die Verschiedenheit ihrer Schulen betrifft nicht die Principien selbst, sondern die Fortentwicklung derselben. Und darum dürfen wir die immerwährende Philosophie, welche jene drei Merkmale hat, gerade in der christlichen Schule finden, welche sich am engsten und treuesten an Augustinus und Thomas anschliesst, die thomistische Tradition aufrecht erhält und gerade dadurch »die Hüterin der idealen Principien« geworden ist, wie Otto Willmann gesagt hat. Gerade in dieser Schule ist die Continuität am meisten gewahrt. Thomas selbst knüpft an die christliche Speculation an, indem er die grosse Arbeit seines persönlichen Lehrers Albert in ihrem ganzen Umfange und in dessen Geiste fortsetzt, so dass der Zusammenhang der albertinischen und thomistischen Philosophie in der Weiterbildung der Schule ebenso gewahrt bleibt, wie er schon von den Zeitgenossen gefühlt wurde. Schon Siger von Brabant, gegen den Thomas polemisiren musste, verbindet beide Namen: praecipui viri in philosophia Albertus et Thomas.[1] Die Continuität zeigt sich auch in der Uebereinstimmung, die zwischen Thomas und Bonaventura im Wesentlichen herrscht. Selbst Scotus hat viel Gemeinsames mit Thomas: aber der Scotismus, als ein eigenes System, ist überwunden, und sein Wahrheitsgehalt ist in die thomistische Tradition hineingeflossen und darin gerettet worden.

Bei Thomas und seinen Nachfolgern, die der Ueberlieferung treu geblieben sind, finden wir daher die immerwährende christliche Philosophie in ihrer concreten Fassung: hier ist das Ideal in die Wirklichkeit getreten, so weit es die menschliche Schwäche und Unvollkommenheit bei der zeitlichen Beschränkung gestattet. Die Subjectivität und Individualität ist hier überwunden. Die Sucht nach Originalität und Neuheit ist gebändigt. Die nationale Eigenart und der Zeitgeist sind gebannt.

---

[1] Siger: De anima intellectiva: Revue Thomiste. 1897. V., p. 109.

Es ist die reine Forschung der menschlichen Vernunft, deren Gesetze allgemein für alle Zeiten und für alle Menschen dieselben sind. Wie Thomas selbst erklärt, liegt in der Weisheit, und das ist die christliche Philosophie, die richtige Beurtheilung der Dinge aus ihren letzten Gründen, den göttlichen Ideen. Die richtige Beurtheilung und Werthschätzung entspringt aber aus dem vollkommenen Gebrauch unserer Vernunft und aus einer gewissen Congenialität mit dem zu beurtheilenden Object. Beides findet sich bei Thomas in seiner monarchisch theistischen Philosophie — wir reden hier gar nicht einmal von seiner Theologie — gelangt er zur sicheren Erkenntniss der göttlichen Ideen und ihres Werthes durch den richtigen Gottesbegriff, den er aposterioristisch gefunden hat. Und die Congenialität mit dem Göttlichen erkennen wir in dem allumfassenden und durchdringenden, universalen Geist des Doctor angelicus, in der Allgemeinheit und Weite seiner Ideen. Vermöge der christlichen Gottesliebe, die er im hervorragenden Masse besessen hat, ist jene Congenialität in einer Weise gesteigert, wie sie von der Philosophie allein nicht mehr ermessen werden kann.[1]

Den Vorzug der Philosophie des Aquinaten hat Leo XIII. in seiner denkwürdigen Encyklika über die Wiederherstellung der christlichen Philosophie dahin zusammengefasst und begründet: »Ausgerüstet mit einem gelehrigen und scharfsinnigen Geiste, einem leichtfassenden und treuen Gedächtniss, mit der höchsten Integrität des Charakters, einzig die Wahrheit liebend, an göttlichem und menschlichem Wissen überreich, hat er, wie die Sonne, den Erdkreis durch seine Tugenden erwärmt und mit dem Glanz seiner Lehre erfüllt. Es gibt kein Gebiet der Philosophie, das er nicht scharfsinnig und zugleich gediegen behandelt hätte; seine Untersuchungen über die Gesetze des folgernden Denkens, über Gott und die unkörperlichen Substanzen, über den Menschen und die übrigen sinnlichen Dinge, über die menschlichen Handlungen und ihre Principien sind derart, dass darin sowohl eine Fülle von Stoff, als passende Anordnung der Theile, als auch zweckmässigste Methode, Sicherheit der Grundsätze und Kraft der Beweise, Klarheit und Genauigkeit im Ausdruck, wie nicht minder eine Leichtigkeit, auch das Dunkelste aufzu-

[1] Vgl. Thomas Aq.: Sum. Th. II, II. q. 45 a. 2.

hellen, sich findet. Dazu kommt noch, dass der englische Lehrer die philosophischen Schlussfolgerungen aus den Ideen und Principien der Dinge ableitet, die von der weitgehendsten Bedeutung sind und eine Saat von fast unendlich vielen Wahrheiten gewissermassen in ihrem Schosse bergen, welche die späteren Lehrer zur gelegenen Zeit und in fruchtbringendster Weise entfalten sollten. Da er diese Methode der Philosophie auch bei der Widerlegung der Irrthümer anwandte, ist es ihm geglückt, sowohl allein die Irrthümer der Vorzeit zu überwinden, wie zur Widerlegung derer, die im beständigen Wechsel künftig entstehen werden, unbesiegbare Waffen darzubieten. Indem er ausserdem, wie es recht ist, genau zwischen Vernunft und Glauben unterschied, beide aber in einem Freundschaftsbunde einte, hat er sowohl die Rechte beider gewahrt, als auch für ihre Würde gesorgt, und zwar so, dass die Vernunft, auf Thomas' Flügeln zu ihrer höchsten menschlichen Vollendung emporgetragen, kaum noch höher zu steigen vermag, noch der Glaube kaum weitere und triftigere Beweise von der Vernunft fordern kann, als er schon durch Thomas erlangt hat«.[1] Und im Breve vom 30. December 1892 betont Leo nochmals die Continuität oder die Identität der Wahrheit: »Die Philosophie des hl. Thomas ist ja schliesslich doch keine andere als die aristotelische; sie hat der englische Lehrer unter allen Interpreten mit der grössten Wissenschaftlichkeit ausgelegt, sie hat er von Irrthümern, wie sie dem nichtchristlichen Schriftsteller leicht begegnen können, gereinigt und dadurch zur christlichen gemacht, sie hat er zur Erklärung und Vertheidigung der katholischen Wahrheit selbst benutzt. Gerade das zählt zu den höchsten Verdiensten, welche sich der grosse Aquinate um die Kirche erworben hat, dass er die christliche Theologie der damals schon zur Herrschaft gelangten peripatetischen Philosophie so schön zu gesellen wusste, dass wir den für Christus kämpfenden Aristoteles nicht mehr zum Gegner haben«.[2] Er begründet diesen Vorzug

[1] Leo XIII.: Encycl. »Aeterni Patris«. (Rundschreiben. Freiburg 1881. I., p. 86 sq.)

[2] Leo XIII.: Litterae Apostolicae »Gravissime Nos.« (Jahrbuch für Philosophie und speculative Theologie. 1897. XI. Bd., S. 388. Vgl. Wehofer, ebenda S. 416): philosophia S. Thomae nihil demum alia est atque aristotelea: hanc nempe Angelicus scientissime omnium interpretatus est,

der thomistischen Lehre noch weiter in dem Schreiben vom 22. December 1887, wo er das innerste Wesen der soliden Philosophie schildert, welche die höchsten Ursachen aufsucht und die beste Patronin der Wahrheit ist: »Die Unterweisung nämlich, welche der englische Lehrer gibt, ist wunderbar zur Bildung des Geistes geeignet, sie bewirkt in wunderbarer Weise die Uebung im Commentiren, im Philosophiren und im gedrängten und unwiderleglichen Ausdruck; denn sie zeigt klar, wie die einzelnen Dinge in zusammenhängender Reihe von einander abhängen, wie alle unter sich in Verbindung und in Zusammenhang stehen, wie alle ihre obersten Principien haben. Die folgernde menschliche Vernunft will zwar zur inneren und verborgenen Erkenntniss der Dinge mit freiem Blick durchdringen und kann gar nicht anders als es wollen; aber, wenn sie den Aquinaten zum Führer und Lehrer hat, thut sie es gerade mit grösserer Leichtigkeit und Freiheit, weil sie dann ganz sicher handelt, und jede Gefahr ferne liegt, die Grenzen der Wahrheit zu überschreiten. Denn das darf man nicht Freiheit nennen, wenn man nach Willkür und Laune Meinungen befolgt und ausstreut, sondern vielmehr die allerschlimmste Zügellosigkeit, die lügnerische und trügerische Wissenschaft, eine Schmach und Knechtschaft des Geistes.« [1]

---

hanc erroribus, scriptori ethnico facile excidentibus, emendatam, christianam fecit, hac ipsemet usus est in exponenda et vindicanda catholica veritate. Hoc ipsum numeratur inter summa beneficia, quae magno Aquinati debet Ecclesia, quod christianam theologiam cum peripatetica philosophia iam tum dominante tam belle sociaverit, ut Aristotelem Christo militantem iam non adversarium habeamus.

[1] Leo XIII.: Litterae Apostolicae »Officio sanctissimo« (Leonis PP. XIII. Acta praecipua): Philosophiam eam intelligimus, intimam solidamque, altissimarum indagatricem caussarum, patronam optimam veritatis.. Scilicet disciplina doctoris Angelici mire facta est ad conformandas mentes, mire usum parit commentandi, philosophandi, disserendi presse invicteque; nam res singulas dilucide monstrat aliam ex alia continua serie pendentes, omnes inter se connexas et cohaerentes, omnes ad capita pertinentes.. Ratio quidem humana ad cognitionem rerum interiorem reconditamque libera vult acie penetrare, nec non velle potest: verum Aquinate auctore et magistro, hoc ipso facit expeditius et liberius, quia tutissime facit, omni procul periculo transiliendi fines veritatis. Neque enim libertatem recte dixeris, quae ad arbitrium libidinemque opiniones consectatur et spargit, immo vero licentiam nequissimam, mendacem et fallacem scientiam, dedecus animi et servitutem.

## § 3. Die Aussichten der christlichen Philosophie.

1. Es gibt eine christliche Philosophie, die in ihrer strengsten und vollkommensten Form die thomistische ist. Ihr gegenüber stehen die kämpfenden Mächte, welche gegen ihren Standpunkt Front machen, ihre Principien und ihre Methode bestreiten und trotz ihrer inneren Uneinigkeit sich zum gemeinsamen Kampfe gegen sie verbünden. Die christliche Philosophie hat die Merkmale der immerwährenden Philosophie. Franz Brentano hat jüngst geäussert, dass ihr der Bestand so lange gesichert sei, als die katholische Kirche besteht. Das ist richtig, weil die Kirche nur diese Philosophie, und zwar im engsten Anschluss an Thomas von Aquino adoptirt hat. Aber dieser Vortheil wäre nur eine für diese Philosophie selbst äusserliche Garantie, wenn wir nicht wüssten, dass diese Adoption nur wegen des inneren Wahrheitsgehaltes einerseits und andererseits wegen der vollkommenen Harmonie dieser Philosophie mit der christlichen Lehre selbst so autoritativ geschehen wäre. Diese Philosophie wird daher so lange bestehen, als das Christenthum selbst Bestand haben wird. Unsere Gegner geben zu, dass es sich noch lange nicht ausgelebt hat, und wir haben die göttliche Gewissheit, dass es niemals aufhören wird, seinen Segen zu spenden, so lange die Menschheit besteht, deren Geschichte deshalb stets von den Strahlen dieser Philosophie erleuchtet, erwärmt und befruchtet werden soll. Die anderen, von der Kirche und von dem Christenthum emancipirten Philosophien, werden sich ausleben und selbst zerstören. Ihr Fortschritt im Niedergang geht zu Ende: non plus ultra.

Das Verlangen nach Rückkehr zu einem festen Halt ist allgemein. Dem Verlangen entspricht auch die That in vielfachen Versuchen. Will man die Sisyphusarbeit nicht fortsetzen, so muss man nicht zu Kant, nicht zu Spinoza, nicht zu Descartes zurückkehren, sondern zu Plato, zu Aristoteles, zur immerwährenden Philosophie und damit auch zu Augustinus und Thomas. In jedem historischen Stadium bietet diese immerwährende Philosophie Anhaltspunkte. Ihre grossen Lehrer sind die Priester der Wahrheit, pontifices veri: jeder von ihnen baut mit seiner Lehre eine Brücke, um dem Gegner den Rückzug mit vollen Ehren zu ermöglichen. Auf diesem Boden ist eine Verständigung möglich und leicht. Und ohne Zweifel werden viele, die besten und edelsten Geister, welche sich nach der Einheit sehnen, diese Wege betreten. Das beste Zeichen dafür liegt in der historischen Detailforschung der Gegenwart, die unermüdlich fortschreitet und dadurch Vorurtheile beseitigt und Stein auf Stein zum Brückenbau herbeischafft. Ja, wir stehen nicht an, es offen auszusprechen, dass wir sogar von der fleissigen und gründlichen Arbeit der modernen Forschung in der Philosophiegeschichte eine klarere Einsicht in die historische Entwicklung der thomistischen Lehre erhoffen, als sie bei denen zu finden ist, welche zwar die Autorität des Aquinaten anerkennen wollen, aber seinen Text ohne Rücksicht auf die sechshundertjährige geschlossene Tradition subjectiv interpretiren, als ob das richtige Verständniss desselben erst jetzt zu finden sei. Von ihnen appelliren wir an die Unparteilichkeit der Gelehrten, welche dem Thomismus selber indifferent entgegen kommen. Freilich verlangen wir auch von denen, die sich der Philosophiegeschichte widmen, ein gründliches Studium der christlichen Philosophen, und können uns mit einem so summarischen und incorrecten Berichte, wie er sich z. B. noch in der 8. Auflage von Ueberweg-Heinzes' Grundriss findet,[1] nicht zufrieden geben.

Die Vertreter der christlichen Philosophie haben vor allem die Aufgabe, zur Verständigung behilflich zu sein. Sie werden diesen edlen Beruf aber nur dann erfüllen, wenn sie selbst sich in der Philosophie der Vorzeit befestigt und die Tradition derselben studirt haben. Die christliche Philosophie ist zwar die immerwährende, aber dennoch kommt sie auf Erden niemals ganz zu Ende. Die Entdeckung neuer Thatsachen in den Naturwissenschaften, die Fortschritte in der Mathematik, die Neubildung der socialen Verhältnisse werden stets neue Probleme mit sich bringen, welche einer philosophischen Lösung entgegen sehen. In dieser Hinsicht ist auch die unserer Ueberzeugung nach

[1] Friedrich Ueberweg: Grundriss der Geschichte der Philosophie. III. Th., II. Bd., 8. Aufl. Herausgegeben von Max Heinze. Berlin 1897. § 18, S. 189 ff.; § 55, S. 369—372. Unter den Hauptverfechtern des Thomismus wird irriger Weise Palmieri genannt, während sein Gegner, der eigentliche Führer der thomistischen Bewegung, Cardinal Zigliara, unerwähnt bleibt. Ausonio Franchi, der tendenziös beurtheilt wird, soll als »wiedergeweihter Priester« gestorben sein! Der Verfasser hat vergessen, dass die Praxis der Donatisten mit ihrer Secte aufgehört hat.

vollendetste Form der christlichen Philosophie, die thomistische, für jeden Fortschritt offen.[1] Aber die Principien sind gefunden, und die aus ihnen abgeleiteten Wahrheiten bleiben bestehen. Wenn es daher auch die berechtigte Aufgabe ist, diese Philosophie unablässig im Sinne der Continuität auszubilden, so dürfte unserer Ansicht nach dennoch die erste und dringendste Aufgabe für die Gegenwart in einer tieferen Durchdringung des fertigen Bestandes der christlichen Philosophie und vor allem der thomistischen Traditionen liegen. Wir meinen damit nicht ein blos philosophiegeschichtliches Studium im modernen Sinne mit allen werthvollen Mitteln der historisch-philologischen Kritik, sondern das speculative Eindringen in das Verständniss der Tradition. Thomas kann nicht verstanden werden,[2] sowenig Aristoteles und Plato verstanden werden, wenn man auf der Oberfläche, am Buchstaben haften bleibt. Diese Philosophen wollen

---

[1] Dom Laurent Janssens: Catholicisme et progrès: Revue Bénédictine, 14ième année, octobre 1897, p. 463: Lorsque Léon XIII a imprimé aux études philosophiques ce providentiel mouvement de retour vers le prince de la scolastique, il a certes rendu à la science un éminent service. Dans la pensée du grand pape ce retour, en apparence retrograde, devait être le point de départ d'un rapide progrès. Il le sera dans la mesure où il rendra aux philosophes et aux théologiens l'habitude de penser avec vigueur et suite. Il manquera son but, s'il ne fait que couler les intelligences dans un moule autoritaire. Oui, saint Thomas est le maître incomparable, trop abandonné, auquel il importait de revenir. Mais pourquoi? Tout juste parce qu'il est, avec saint Augustin, le plus puissant raisonneur des âges chrétiens; parce qu'au contact quotidien de ce genie, la pensée acquiert une pénétration, une précision, une lucidité, une envergure qu'aucun autre maître n'est capable de communiquer au même degré. Appuyons nous sur saint Thomas: à la bonne heure; mais précisement parce que saint Thomas a dit et prouvé la vérité. N'oublions pas que, dans la recherche de cette vérité, il se guidait par des principes si excellents, si universels, que c'est encore le suivre, oui, le suivre de plus près, que de soutenir, en vertu de ces mêmes principes, appliqués à la condition presente de la science et des problèmes, des conclusions en désaccord avec celles du maître; car ces conclusions, saint Thomas, placé en face des données nouvelles, serait le premier à les tirer lui-même, s'il écrirait aujourd'hui.

[2] Gratry: De la connaissance de Dieu. 1850. T. I. ch. 5: Il manque à S. Thomas d'être compris! Il y a en lui des hauteurs, des profondeurs, des précisions que l'intelligence contemporaine est loin de pouvoir soupçonner, et que l'on comprendra peut-être, dans quelques générations, si la philosophie se relève, si la sagesse reparaît parmi nous.

gelehrige Schüler haben, die mit der ganzen Kraft ihres Geistes sich hineinleben in die Fülle des Inhaltes, der in den Principien schlummert. Und dazu bedarf man des Führers, der die Ueberlieferung des Verständnisses vermittelt. In der Metaphysik scheint die immerwährende Philosophie beinahe abgeschlossen zu sein; denn weiter wird man in der Analysis des Seins und der Ursachen nicht vordringen können. Aber gerade diese Leistungen sind wegen ihrer enormen Denkschwierigkeit in der Gegenwart noch nicht verstanden. Man hält viele Fragen für unnütze Subtilitäten, die in Wahrheit nur die Höhe der Speculation bezeichnen, zu welcher die Adler der Philosophie sich erhoben haben, und wohin ihnen die mit weniger Kraft begabten Singvögel nicht mehr nachfolgen können. Wer den Aquinaten wirklich verstehen lernen will, darf sich weder aus Stolz noch aus Trägheit scheuen, bei den grossen Thomas-Commentatoren in die Schule zu gehen: er muss die Erklärungen benutzen, welche Capreolus, Cajetan, Silvester von Ferrara, Johannes a. S. Thoma, Xantes Mariales und Andere gegeben haben. Weder die Rückkehr zu Suarez und den Conimbricensern, noch zu den beiden Complutensern und den Salmanticensern genügt, um sich vor Einseitigkeit zu schützen und den Strom der Tradition in seiner ursprünglichen Frische und Klarheit zu finden. Das scheint uns auch der sichere Weg für die christliche Philosophie zu sein, um die noch in ihr schwebenden Controversen zu begleichen; ihre Probleme sind nicht hoffnungslos, weil der Streit aus den Principien entschieden werden kann, wenn er ehrlich geführt wird. Die Controversen dürfen aber auch nicht vertuscht werden, sondern müssen eine nothwendige Erledigung finden, wenn die Würde und Autorität, die Einsicht und die Wahrheit der immerwährenden Philosophie gerettet werden soll.

2. Unter jenen Voraussetzungen verspricht die Rückkehr zur christlichen Philosophie auch eine Klärung und einen Aufschwung der modernen Philosophie herbeizuführen: und dies umsomehr, als viel guter Wille und ehrliche Anstrengung bei allen Parteien vorhanden ist. Wir werden niemals gutes Streben und Wahrheitserfolge der modernen Philosophen zurückweisen, sondern dankbar anerkennen und gern die Hand zur Versöhnung darreichen. Zuerst aber muss einer des andern Sprache erlernen, damit die Verständigung erfolgen kann. Und im Laufe der Ver-

handlung soll das Gesetz der Liebe gelten, die selbst eine grosse Wahrheit ist, und sich nur auf die Wahrheit gründet. Dann soll ihr Kanon also lauten: sei mild, nachsichtig und entgegenkommend gegen die Vertreter der modernen Philosophie; von den christlichen Philosophen verlange grössere Genauigkeit und tieferes, pietätvolles Studium der Tradition; aber an den, der die Autorität der thomistischen Philosophie und ihrer Stifters anerkennt, stelle die höchsten Anforderungen und übe solche Strenge der Beurtheilung, wie sie der grössten Liebe zur Wahrheit dir einflössen wird!

Der Nutzen, welchen die christliche Philosophie auf den Entwicklungsgang der modernen Philosophie ausüben wird, hängt von äusseren Bedingungen ab. Es muss ihren Vertretern auch volle äussere Freiheit gegeben werden. In Deutschland ist selbst auf kirchlicher Seite ihre Wichtigkeit noch längst nicht genügend erkannt und zu ihrer vollen Pflege nicht genug Raum gegeben: es fehlt an der richtigen Einsicht in die Bedeutung der Sache, und der Eklekticismus ist noch nicht überwunden. Wir müssen aber noch weitergehende Anforderungen stellen, damit die christliche Philosophie ihren heilsamen Einfluss ausüben, zur Verständigung beitragen und einen Damm gegen die unterwühlenden Strömungen errichten kann. Diese Philosophie hat ihre historische Berechtigung, ganz abgesehen von den Gründen religiöser und confessioneller Parität. Deshalb befürworten, ja verlangen wir, dass sie auf allen Universitäten, zuerst auf den grossen, zu ihrem Rechte kommt, was nur durch Gründung solcher Professuren an den philosophischen Facultäten zu erreichen ist. Den jüdischen, ungläubigen und indifferenten Professoren der Philosophie muss ein Vertreter der christlichen Philosophie an die Seite treten, um wenigstens ihr geschichtliches Verständniss in objectiver Würdigung und maasvoller Ruhe zur Geltung zu bringen. Das ist die Mindestforderung, die wir stellen, und sie wird durchdringen, wenn es auch nicht sofort geschieht.

3. Wenn wir an den Fortschritt der immerwährenden Philosophie und ihrer Erfolge glauben, so geben wir uns keineswegs der thörichten Hoffnung hin, dass ihr Sieg ein vollständiger sein wird. Die Gegensätze sind in der Welt, wie sie ist, gegeben; sie entspringen aus der Natur des Menschen, nicht wie sie sein

könnte, sondern so wie sie thatsächlich ist. Die Wahrheit wird immer zum Recht kommen, aber der Irrthum wird niemals ganz aufhören: in der Beschränkung und Schwäche der menschlichen Vernunft, in der Unstetigkeit des Willens, in dem Einfluss der Phantasie auf das Urtheil, in der Störung, welche die ungezügelten Leidenschaften verursachen, findet er stets eine neue Veranlassung.

Die grossen Gegensätze in der Philosophie, die sich durch die ganze Geschichte derselben hindurchziehen, zeigen sich als Realismus und Nominalismus: auf der einen Seite steht der richtige Empirismus, der Aposteriorismus und der echte Idealismus, auf der anderen der Apriorismus, der Rationalismus und der moderne Idealismus, die in Pantheismus und Materialismus umschlagen. Wie folgenschwer diese principiellen Gegensätze sind, sagt uns der protestantische Geschichtsphilosoph Conrad Hermann: »Der Gegensatz des Katholicismus und Protestantismus ist wesentlich nur eine Fortsetzung oder die Folge einer äusserlichen Diremtion der beiden früheren Parteistandpunkte des Realismus und Nominalismus. Die katholische Formel über das Verhältniss der Vernunft und des Glaubens oder der geistigen Freiheit des Einzelnen und der Autorität der Kirche schliesst sich wesentlich an die Lehre des Realismus, die protestantische aber an diejenige des Nominalismus an.«[1] Dass dieses Urtheil nicht unzutreffend ist, beweist Kühnemann, wenn er die Ethik des Kant'schen Idealismus sogar »die Begründerin des Protestantismus« nennt.[2]

In zahlreichen Wendungen kommen diese Gegensätze zum Ausbruch. Denn dreifach ist die Wurzel des Irrthums.[3] Man wählt zur Erklärung der Welt, wenn man nicht echt menschlich und vernunftgemäss vorgeht, einen einseitigen Standpunkt: entweder sucht man die Erklärung in einem Grunde, der tiefer steht als der Mensch, nämlich in der materiellen Welt und ihrem Stoffe; oder man sucht sie nur im Menschen selbst, im Selbstbewusstsein; oder endlich über dem Menschen, aber in

[1] Conrad Hermann: Philosophie der Geschichte. Leipzig 1870. S. 395.

[2] Kühnemann: Zeitschrift für Philosophie und philosophische Kritik. 1895. CVI. Bd., S. 161.

[3] Augustinus: De Trinit. 1, 1.

einer falschen Transcendenz, welche die Natur des Menschen nicht von dem Transcendentalen unterscheidet. So entsteht der Materialismus, der falsche subjective Idealismus und der Pantheismus oder Monismus als letztes Resultat der Entwicklung. So gruppiren sich die Grade des Irrthums um den Monismus im Gegensatz zum Monotheismus. Auf der einen Seite steht der Mensch, der die Welt für sich beansprucht, auf der anderen Gott, der sie geschaffen hat; auf der einen die autonome, selbstsüchtige, irrthümliche Vernunft, auf der anderen die ewige, neidlose, göttliche Wahrheit. In dem Kampfe zwischen den beiden Weltanschauungen des Monismus und des Christenthums erkennen wir den Kampf der beiden Reiche, den Augustinus als den Widerspruch zwischen Weltreich und Gottesreich so tief erfasst und meisterhaft beschrieben hat. »Die zweifache Liebe« — die zweifache Grundrichtung des Menschenwillens — »hat diese beiden Reiche gegründet: die Eigenliebe, die bis zur Verachtung Gottes steigt, das irdische Reich; das himmlische aber die Gottesliebe, die es bis zur Selbstverachtung bringt«.[1] Der Kampf dieser Gegensätze zieht sich durch die Weltgeschichte hin. Er kommt auch in der Philosophie zum Ausbruch; denn er besteht zwischen Irrthum und Wahrheit, Lüge und Weisheit, menschlichen Systemen und göttlicher Philosophie. Der menschliche Hochmuth hat die Ichphilosophie hervorgebracht, die sich in ihrem Atheismus bis zur Vergötterung des Menschen versteigt. Die wahre Selbsterkenntniss, die sich in der christlichen Demuth vollendet hat, leitet die wahre Philosophie, welche die göttliche Weltmonarchie verkündet: sie allein ist die immerwährende Philosophie, die christliche Philosophie, welche allein dem alles umfassenden weltgeschichtlichen Zuge des Christenthums in ihrer Weite und ihrer Tiefe entspricht und unvergänglich bleibt wie das Christenthum selbst: perennis quaedam philosophia.

---

[1] Augustinus: De civ. Dei 14, 28: Fecerunt itaque civitates duas amores duo, terrenam scilicet amor sui usque ad contemptum Dei, coelestem vero amor Dei usque ad contemptum sui. Cf. ib. 15, 1; 14, 4. 9.